Una guía para prevenir y curar
los problemas de nuestros hijos

PADRES
A PRUEBA DE CRISIS

Rich Van Pelt y Jim Hancock

La misión de Editorial Vida es ser la compañía líder en comunicación cristiana que satisfaga las necesidades de las personas, con recursos cuyo contenido glorifique a Jesucristo y promueva principios bíblicos.

PADRES A PRUEBA DE CRISIS: UNA GUÍA PARA PREVENIR Y CURAR LOS PROBLEMAS DE NUESTROS HIJOS
Edición en español publicada por
Editorial Vida – 2010
Miami, Florida

Originally published in the USA under the title:
   A Parent's Guide to Helping Teenagers in Crisis
   Translation copyright © 2010 by Jim Hancock; Rich Van Pelt
   Translated by Howard Andruejol
Published by permission of Zondervan, Grand Rapids, Michigan 49530.

Traducción: *Howard Andruejol*
Edición: *Madeline Díaz*
Diseño interior: *Base creativa*
Adaptación cubierta: *Natalia Adami*

ISBN: 978-0-8297-5671-5

CATEGORÍA: Vida cristiana/Familia

IMPRESO EN ESTADOS UNIDOS DE AMÉRICA
PRINTED IN THE UNITED STATES OF AMERICA

✚ DEDICATORIA

A nuestros hijos (ahora adultos) que nos enseñaron tanto

✚ CONTENIDO

1.0

ENTIENDE LA
CRISIS

Rich Van Pelt: Este es un libro para los padres. En especial para los padres que se encuentran lidiando con jóvenes en crisis. Todos deseamos que no hubiera necesidad de un libro como este, y todos sabemos que ese es solo un buen deseo. Así que aquí estamos, padres, tratando de ayudarnos unos a otros a lidiar con el caos y el quebrantamiento de la vida tal como la conocemos.

Jim Hancock: Esta guía para padres es tan inteligente y práctica como hemos podido concebirla. Ambos somos padres, y nuestros hijos son ahora adultos abriéndose paso en el mundo. Ambos somos líderes juveniles veteranos con décadas de relacionarnos con los adolescentes y sus familias. Entre los dos, hemos vivido casi todo lo que aparece en estas páginas y comprobado lo que decimos aquí por medio de un conocimiento de primera mano. Dicho esto, somos los primeros en admitir que hay mucho que no sabemos. Así que hemos incluido notas al final del libro de fuentes que creemos resultan confiables.

Una pequeña aclaración: Por lo general, estamos escribiendo aquí con una sola voz. Sin embargo, de vez en cuando encontrarás una historia o una reflexión que es más auténtica si se cuenta en la voz de Rich o la de Jim, tal como lo hicimos en los dos párrafos anteriores.

Si te encuentras en medio de una crisis, salta hasta los capítulos que abordan específicamente tu caso. Si te estás preparando para la *posibilidad* de una crisis —o equipando para la próxima— el lugar para comenzar es entendiendo la naturaleza y las características de la crisis. Logra esto y ya habrás recorrido la mitad del camino.

1.1 ¿ES ESTA UNA CRISIS **O NO?**

JH: Hace un par de semanas estaba desayunando en un lugar llamado Potato Shack cuando recibí una llamada de mi esposa.

«Hannah quiere verte», dijo Susan. «Ella encontró un cuaderno en el dormitorio de Ben esta mañana y está aterrada».

«¿Lo leíste?», pregunté. El tono en el que respondió me indicó que estaba convencida de que esto era real, por lo que le indiqué: «Te veo en unos minutos».

El cuaderno contenía de todo, una calavera y unos huesos cruzados, como advirtiéndoles a las personas que se alejaran del mismo. Varias páginas habían sido arrancadas de la parte delantera del cuaderno, que se encontraba vacío excepto por una pequeña historia seguida de unos dibujos de autolaceración y una nota escrita en la última página, la cual indicaba que en caso que estuviéramos leyendo esto, algo le había ocurrido a Ben. La pequeña historia describía la tortura ritualista de alguien muy parecida a Hannah hecha por alguien muy parecido a Ben.

Ya sabía que Ben había sido abandonado de niño y adoptado por mi amigo Joseph y su antigua esposa, que posteriormente abandonó a Joseph, Ben y sus hermanos. Ben ha estado yendo y viniendo de la casa de sus padres varias veces durante los últimos diez años. Él no confía mucho en los adultos, las mujeres en especial. Hannah y Joseph están recién casados.

Hannah me explicó cómo encontró el libro y por qué lo abrió. Ben la había amenazado e insultado mientras su padre no lo podía oír. Habiendo sido víctima de violencia doméstica en un matrimonio adolescente, esto provocó toda clase de miedos en Hannah. Tenía temor de estar a solas con Ben. Diez días antes, él dejó una carta para ellos diciéndoles que había intentado suicidarse.

Susan preguntó: «¿Qué deben hacer?».

«Necesito pensar», respondí. «Me gustaría leer esa carta y ver su dormitorio».

Mientras estaba solo en mi carro, llamé a Joseph y le pedí que verificara en la escuela y averiguara si Ben estaba en clase. «Voy camino a tu casa», le dije. «Leí el cuaderno; voy a leer la carta. Creo que debes averiguar cuál es su estado mental. Con lo que sé hasta el momento, si me preguntas si creo que Ben puede representar un peligro para él o los demás, te diría que sí».

«Yo también voy camino a casa», explicó Joseph. «Haré la llamada y te veré en mi hogar en quince minutos».

Cuando los terapeutas definen una crisis como «un período de *desequilibrio* que abruma los mecanismos *homeostáticos* de una persona», solo alardean. Dicho de un modo más sencillo, una crisis hace que una persona pierda el equilibrio emocional, espiritual, cognitivo y quizás también físico.

El psicólogo clínico y autor Gary Collins define una crisis como «cualquier situación o serie de circunstancias que amenazan el bienestar de una persona e interfieren con su rutina del diario vivir»[1]. La sutil verdad de esta afirmación es que la crisis es una experiencia definida por uno mismo. Esto quiere decir que la crisis para un joven puede no ser tal cosa para otro.

Piensa en esto por un momento y verás que no puede ser de otra forma. Al igual que cualquier otra experiencia dolorosa, una crisis es algo que uno mismo debe soportar. Tal vez alguien te ha pedido que califiques la intensidad de tu dolor en una escala del uno al diez, en donde diez es igual al dolor más fuerte que hayas experimentado. Pídeles a cinco madres que hablen sobre el dolor que causa dar a luz y verás cómo una mujer califica el dolor con un diez, mientras otra lo califica con seis. ¿Cuál es la respuesta correcta? Bueno, para la primera dar a luz se compara con los momentos más dolorosos de su vida;

por lo tanto escoge un diez. La segunda mujer lo considera un dolor mucho menos intenso de acuerdo a sus vivencias. Cada una describe sus experiencias del dolor, ante lo cual no podemos hacer nada, ya que no hay una escala absoluta y objetiva para medir el dolor mental, físico, emocional o espiritual.

Por eso la crisis es difícil de predecir (pero no difícil de descubrir). Puede llegar a la vida de una persona por cualquier cosa, y *cualquier cosa* significa: «Cualquier situación o serie de circunstancias que amenazan el bienestar de una persona». Es más, las circunstancias que una vez abrumaron a una persona pueden ser tolerables en un futuro, ya que es posible que se encuentre en diferente contexto. Y lo opuesto también es válido.

Esto quiere decir que nadie puede opinar con respecto a la validez de las crisis de otra persona. Un padre causa gran daño si ignora la crisis de un adolescente porque piensa que el asunto no sería tan importante para él. Los dolores de los «amores adolescentes» se apropian de la mente, y aunque pienses lo que quieras, el amor de esa etapa es muy real para el joven. Los padres que toman el dolor de sus hijos muy a la ligera no solo no muestran cortesía, también están poniendo en peligro el bienestar de alguien al que aman.

Por supuesto, tampoco hay razón para apropiarse de los problemas. No es la responsabilidad de los padres anticipar que algo será una crisis en el futuro solo porque una experiencia similar precipitó una crisis en el pasado. Los jóvenes cambian y crecen, los padres deberíamos dejarlos desarrollarse (como si tuviéramos otra opción). No es responsabilidad de los padres pensar en lo peor, pero *sí* es nuestra responsabilidad prestarles atención y ayudar a nuestros hijos e hijas que están *según su propia definición* en una crisis.

Si esto trae a nuestra mente a alguna persona cuya vida esté definida por atravesar una crisis tras otra, al punto de que dudas en cuanto a su noción de lo que es en realidad una crisis, eso es algo bastante justo. Esta es en parte una de las razones por las que escribimos este libro: ayudar a los padres a descifrar lo que está en juego durante una crisis y a que actúen apropiadamente para ayudar a sus hijos a sobrevivir y progresar cuando salgan al mundo real.

No es que sea fácil. Muchos padres han perdido la paciencia (o la valentía) y se han preguntado: *¿Por qué creí que sería un buen padre? ¿En qué estaba pensando?* Si en realidad te comprometes a ayudar a tu hijo en crisis, hay una buena posibilidad de que experimentes una amplia gama de emociones. Con algo de suerte, no las sentirás todas al mismo tiempo:

- **Compasión:** *¡No soporto ver a mi hijo sufrir! ¿Qué puedo hacer para ayudar?*
- **Temor:** *¡Mi hijo puede morir! No estoy listo para manejar esto.*
- **Resentimiento:** *¿Acaso cree que es el único que pasó por algo igual? ¡Qué egoísta!*
- **Impaciencia:** *¿Cuánto tiempo más tendremos que cargar con esto? ¿Por qué ella no hace nada para cambiar su situación? ¡Es una simple decisión! ¡Escoge ya!*
- **Atrapado:** *¿En qué me metí? ¿Acaso mi hijo va a depender de mí por el resto de su vida?*
- **Culpabilidad:** *Soy un mal padre. Todo es mi culpa.*
- **Ira:** *¿Cuándo va a dejar de comportarse como un bebé y a solucionar esto? Solo se está aprovechando de mí.*

Si son reales, no tiene sentido negar estos sentimientos. Mejor seamos honestos con nosotros mismos y confiemos en otros adultos para que nos apoyen y nos mantengan con los pies en la tierra. Algunas emociones paternales dicen más sobre nuestra inexperiencia con las crisis que de nuestra capacidad emocional para soportarlas. Escucharnos a nosotros mismos admitiendo emociones difíciles puede constituir un chequeo de la realidad que nos dirá qué tan pronto necesitamos pedir la ayuda de alguien que esté en mejor forma para ayudar en ese momento.

Si una respuesta emocional débil no necesariamente indica una condición permanente del padre, se puede decir lo mismo del joven al que se está tratando de ayudar. Una crisis provoca cosas raras en las personas, haciéndolas pensar, sentir y comportarse de formas que no se corresponden con su carácter real. Todos los que pasamos alguna vez por una crisis sabemos esto. El resto lo aprenderá pronto.

TRES CLASES DE CRISIS

Nuestros hijos y los otros seres humanos experimentan tres clases de crisis:

- *Agudas:* Son directas, dolorosas e inmediatas.
- *Crónicas:* Son duraderas, recurrentes y persistentes.
- *De adaptación:* Son temporales, transitorias y situacionales.

Los primeros dos términos —*agudas* y *crónicas*— son prestados directamente de la terminología médica para diagnósticos y tratamientos.

Una crisis *aguda* es urgente y lo suficiente severa como para necesitar de una intervención inmediata. Presenta la posibilidad de peligros físicos o emocionales serios. La misma incluye episodios suicidas, sobredosis de drogas, crisis de embarazos, agresiones físicas y sexuales, y la pérdida de un ser querido o un amigo.

Una crisis *crónica* resulta de un dolor continuo, persistente y acumulado. Emergen como patrones de comportamiento que demandan atención y cuidado. Las condiciones a largo plazo de abuso físico, emocional y sexual, así como la negligencia paternal y el peligro al que son expuestos los niños, a menudo dan lugar a conductas que a su vez pueden llegar a ser crónicas. La obsesión o la compulsión sexual, el abuso del alcohol y otras drogas, los desórdenes alimenticios, las peleas y las cortaduras son crisis crónicas con consecuencias peligrosas si se dejan sin atender.

Algunas crisis crónicas parecen tener una raíz bioquímica, por ejemplo, el Desorden de Hiperactividad y Déficit de Atención (DHDA) y la depresión clínica. Estas implican un diagnóstico médico y no unas simples corazonadas paternales. Sin embargo, los padres notan los indicadores emocionales y del comportamiento que requieren de ayuda profesional.

Finalmente, algunas crisis son de *adaptación*, ya que solo reflejan la dificultad que el joven presenta para ajustarse a las demandas del crecimiento o adaptarse al cambio rápido. Estas crisis incluyen mentir, violar la confianza, crisis de comunicación, desafío de normas y valores razonables, así como un comportamiento impulsivo. Además, no tienden a ser letales, pero pueden causar estrés en las relaciones hasta el punto de romperlas y generar alianzas no saludables con otros jóvenes que están exteriorizando sus crisis (algunas veces esos actos impulsivos pueden costar la vida o una parte del cuerpo).

CÓMO AFECTAN LAS CRISIS A LAS PERSONAS

Hay una innumerable lista de factores personales, relacionales y ambientales que influyen en la forma en que las personas experimentan una crisis. Así que no es una pequeña exageración afirmar que dos individuos no pueden tener la misma experiencia. Dicho esto, cabe señalar que algunas experiencias son comunes en la mayoría de las crisis. Estas *definitivamente* se presentan así:

- La crisis toma a las personas por sorpresa.
- La crisis abruma.
- La crisis despierta otros problemas que están sin resolver.
- La crisis paraliza.
- La crisis distorsiona nuestra forma de pensar, sentir y actuar.
- La crisis pinta un paisaje sombrío del futuro.

La crisis toma a la persona por sorpresa

¿Qué podría preparar a una chica adolescente para una violación durante una cita? ¿Cuántas familias tienen por lo menos un plan mínimo de emergencia en caso de que un desastre destruyera su hogar? Muéstranos a algún padre que esté listo para escuchar que su hijo fue arrestado por posesión y tráfico de narcóticos. Nunca estamos del todo listos para algunas cosas; es por eso que les llaman *crisis*.

JH: Hace veinte años me dieron la noticia de que mi padre moriría de una insuficiencia cardiaca congestiva. Eso no hizo nada a fin de prepararme para la noticia de su muerte repentina. «El tío Willard encontró a tu padre muerto en su apartamento hoy». ¿Cómo te preparas para recibir esa llamada?

RVP: Cuando mi padre fue diagnosticado con cáncer de pulmón, el pronóstico no era bueno. Este avanzó rápidamente y él murió pocos meses después sin haber padecido muchos de los sufrimientos que acompañan a esta enfermedad. Nunca olvidaré el último día de su vida. Sus pulmones estaban llenos de fluidos, y al final murió sofocado. Nuestra familia se reunió alrededor de su cama y oramos para que Dios lo librara de cualquier otro sufrimiento y en su misericordia lo llevara a su morada eterna. Después de seis agotadoras horas, papá dio su último suspiro, resultando evidente que nuestra oración fue contestada. Aun así —incluso después de haber orado para que Dios lo llevara a su presencia y tuviera alivio de su sufrimiento— cuando murió todavía nos encontrábamos en un estado de incredulidad. Por mucho que creamos que estamos listos para enfrentar una crisis, parece ser que en realidad nunca lo estamos.

Los adolescentes son conocidos por creer que las cosas malas le ocurren solo a la gente mala, o por lo menos a *otra* gente. Ellos olvidan —o quizá los adultos nos olvidamos de decírselo— lo que Jesús dijo sobre las personas buenas, las malas y las normales. Refiriéndose a las personas que murieron cuando les cayó una torre encima, él preguntó: «¿O piensan que aquellos dieciocho que fueron aplastados por la torre de Siloé eran más culpables que todos los demás habitantes de Jerusalén?»[2]. No lo eran. Jesús dijo que su Padre hace que «salga el sol sobre malos y buenos, y que llueva sobre justos e injustos»[3].

Cosas buenas le ocurren a gente mala; cosas malas le ocurren a gente buena. Muchas veces el universo ofrece una buena impresión de que las cosas suceden al azar. En medio de todo eso, las personas son tomadas por sorpresa, desprevenidas, y quizás no están dispuestas a enfrentar la vida como es en vez de como quisieran que fuera. Por lo tanto, la crisis toma aun a la persona más prudente por sorpresa.

La crisis abruma

Cuando una joven de quince años de edad descubre que está embarazada, hay una buena posibilidad de que por un momento no pueda pensar de forma clara. La negación, el miedo, el enojo, la duda, el remordimiento, la confusión, la vergüenza y el aislamiento son bastantes cosas con las que lidiar.

Si un padre pierde el último poco de confianza que tenía en su hijo, lo siguiente que está a punto de perder es la perspectiva. El enojo, el miedo, la vergüenza, el remordimiento y el resentimiento pueden estar conspirando para declarar un estado de ley marcial en el hogar.

El comienzo de una crisis puede causar un «corto circuito» en las habilidades mentales y emocionales. Una personalidad Tipo A, determinante, altamente motivada y emprendedora, puede descubrir que la tarea más normal y ordinaria es demasiado a pesar de su hipercompetencia.

RVP: Estaba asombrado de encontrarme incapacitado por la depresión situacional a causa de una crisis en el trabajo. Ahí estaba, volando de modo excesivo miles de millas al año, pero siendo incapaz de empacar para un viaje de una sola noche. Afortunadamente, la crisis pasó y poco después también la depresión. Sin embargo, fue un recuerdo aleccionador de que soy humano.

JH: Quiero hacer constar que no creo en el bloqueo mental como escritor. Aun así, la última vez que Rich y yo escribimos juntos, un período de crisis familiar hizo tan difícil que me concentrara que terminé agotando todo mi tiempo y enviando el manuscrito a las 11:59 p.m. del día en que debía ser entregado. No me gusta trabajar así, no obstante, ¿qué te puedo decir? Me sentía abrumado.

La crisis despierta otros problemas que están sin resolver

Cuando una crisis golpea, otros problemas salen del fondo de esa cueva emocional refunfuñando, gruñendo y exigiendo comida. De repente, media docena de voces se unen al aullido de esta crisis inmediata. Con razón las personas que están en esa situación murmuran: «Esto es más de lo que puedo manejar».

Consideremos a un estudiante de secundaria que pierde su empleo de medio tiempo tres semanas antes de la graduación. Además de estar preocupado por pagar los gastos de la fiesta, también le inquieta completar un ensayo de inglés a tiempo y encontrar una tienda que venda la base de metal correcta para la patineta que compró por la Internet.

Después de decidir que en realidad no importa si sabes o no lo que es una base de metal para la patineta, tu respuesta natural hacia este joven sería: «Espera un momento, ¿qué tienen en común encontrar un trabajo, escribir un ensayo y localizar esa cosa para una patineta?».

Si no tienes cuidado, probablemente te inclinarás a descartar la preocupación entera, ya que se te olvidó cómo es la vida de un estudiante de secundaria. Si proyectas tus propios valores, perspectivas y experiencias, vas a fracasar en responder a sus necesidades genuinas (con las cuales, por supuesto, no estás relacionado en nada). Es fácil perder de vista que —ante un reto financiero inmediato— él también está tratando de arreglar otros dos problemas que están marginalmente conectados. Por supuesto que se siente desconcertado. Debido a que en la adolescencia a menudo se sufre de un desequilibrio de este tipo, la pregunta no es: «¿Por qué tanto alboroto?», sino: «¿Qué puedo hacer para ayudarte a solucionar esto?».

La crisis paraliza

La crisis detiene a las personas en su caminar, algunas veces dejándolas estancadas por un tiempo indefinido. Nadie aparte de Superman puede hacer que el reloj retroceda, que es lo que se requeriría para alterar las circunstancias que llevan hacia una crisis. Muchos jóvenes invierten demasiada energía deseando que las cosas fueran distintas... tanta que ya no les queda la suficiente para dar el siguiente paso (aun cuando están convencidos de que ese siguiente paso los sacaría del hoyo negro en el que se encuentran). Piensa en la señorita Havisham de la obra *Great Expectations* [Grandes Expectativas] de Dickens, que estaba atrapada en un cuarto oscuro deseando un final diferente.

Cuando hay un sentimiento de desesperación combinado con un corto circuito de las capacidades normales —en especial si le agregas sustancias y comportamientos adictivos a la mezcla— esto es suficiente para hacer que la persona más proactiva alcance un nivel emocional devastador. Todos conocemos a algún adolescente que parece estar estancado en los once años, o quizás en los dos. Su crecimiento emocional está congelado en el tiempo. Es impresionante ver que el origen de ese estancamiento se encuentra en una crisis pasada que no se resolvió.

La crisis distorsiona nuestra forma de pensar, sentir y actuar

Con frecuencia los padres dicen que un adolescente en crisis *no es él mismo.*

Las dependencias químicas son un excelente ejemplo en este caso. Cuando los jóvenes empiezan abusar del alcohol o alguna droga, están propensos a experimentar cambios de personalidad o comportamiento. La droga de su elección de pronto se convierte en la ocupación primordial de su vida, haciendo lo que sea para volver a experimentar la sensación que la misma les da. El comportamiento que antes no era una opción ahora lo es.

Una vergüenza profunda puede generar la misma magnitud de pensamientos, sentimientos y actitudes distorsionadas. Lo mismo que el temor o el dolor.

> **RVP:** *Luchaba con la forma de morir estadounidense mientras sacudía mi cabeza ante la locura de derrochar miles de dólares con el cuerpo de un ser querido. Sin embargo, después mi padre murió, y mi racionalidad se fue por la ventana también.*

A veces los padres deben intentar proteger a los hijos de ellos mismos, insistiendo en que los jóvenes retrasen cualquier decisión importante luego de una pérdida, un corazón roto o una tragedia. Sanar toma tiempo... pero no tiempo *solamente*. Se trata de una analogía cruda, pero comparar una crisis con un hueso roto puede ayudarnos a entender. Para que haya una curación apropiada, el hueso necesita ser inmovilizado en el punto donde se quebró durante el tiempo suficiente a fin de que la herida se cure.

Para un adolescente en crisis, el fin de un romance, una mudanza de casa, la salida de un equipo, o la decisión repentina de dejar la escuela o unirse a las fuerzas militares llevarán consigo el potencial de extender más que resolver una crisis. No estamos diciendo que huir de un ambiente tóxico no sea la mejor decisión para evitar crisis futuras. Solo queremos hacer notar que un crecimiento continuo necesita de un tiempo sostenido y una atención específica para permitir que las vulnerabilidades emocionales de una crisis disminuyan, permitiendo una forma más racional y responsable de tomar decisiones a largo plazo.

La crisis pinta un paisaje sombrío del futuro

Las personas que se encuentran en una crisis se cuestionan si algún día las cosas van a mejorar. Tienen dudas en cuanto a ello. La angustia emocional abruma su juicio. Se sienten desamparadas, desahuciadas y desafortunadas... *las tres «D»*.

- Desamparadas: *Esto es mucho; ya no puedo con esto.*
- Desahuciadas: *No hay salida, este dolor nunca se va a acabar.*
- Desafortunadas: *No tengo suerte, esto es todo lo que tengo.*

Bajo el control de las tres «D» es difícil adoptar el pensamiento sabio que nos indica: «Esto también pasará». La pesada convicción de que la crisis que atraviesan no tiene solución impide llevar a cabo la tarea de identificar las diferentes opciones. La desesperanza se muestra como una emoción que puedes observar en el semblante y la postura de la persona, y escuchar en la forma en que suspira y habla.

Así que, ¿es o no lo que estás enfrentando una crisis?

La respuesta: *Si lo es para tu hijo, sí, es una crisis.*

¿Y si tu hijo no admite que es una crisis? *Si tu adolescente se encuentra abrumado; si la crisis despierta otros problemas que están sin resolver; si tu hijo se halla paralizado; si su forma de pensar, sentir y actuar está distorsionada; si tiene un pasaje sombrío del futuro... se trata de una crisis, lo reconozca o no.*

Entender una crisis implica detectar las causas y los efectos de las experiencias que hacen que las personas pierdan el equilibrio. Esto quiere decir que hay que llegar a dominar las habilidades de escuchar y hablar para crear una perspectiva distinta, seguida de esperanza, seguida de un movimiento concreto y directo a fin de volver a establecer el equilibrio. Entender una crisis implica ponerle atención a nuestras experiencias de una manera que nos permita sentir empatía por nuestros hijos, que no son mejores, peores ni en realidad tan diferentes a nosotros.

Hablaremos de todas estas cosas más adelante en este libro, pero primero veamos esto...

1.2 UNA OPORTUNIDAD **PELIGROSA**

RVP: *Una vez le escuché decir a un líder juvenil veterano: «¡Me fascinan las crisis!». Esto hizo que me cuestionara si tal vez necesitaba un poco de consejería o por lo menos un tiempo de compensación, porque claramente este hombre había perdido su perspectiva.*

JH: En serio, ¿quién no disfruta de una buena crisis de vez en cuando? Bueno… yo una vez. Me hicieron una invitación para sentarme en la plataforma junto a la consola del sonido durante un concierto de U2. Esa noche había reunión de jóvenes, así que planeaba conseguir a alguien que me sustituyera (sabiendo que ningún chico me iba a reprochar que aprovechara la oportunidad de disfrutar del espectáculo, ¿verdad?). No obstante, decidí no comentarle a nadie de mi buena fortuna. Imaginé que sería una mejor historia para contar si no decía nada antes del acontecimiento.

Un par de días antes del concierto, uno de nuestros líderes fue descubierto en una mentira que se convirtió en un escándalo en el grupo de líderes. Rápidamente minimizamos la crisis, y en un arranque de remordimiento, el joven dijo que quería aclarar las cosas con el resto del grupo el domingo en la noche. «Está bien», respondí, tragando en seco. «Te ayudaré a hacer eso». Así que llamé al amigo que me había invitado al concierto esa noche y le dije: «Gracias por la invitación, pero surgió algo imprevisto con mi grupo de jóvenes y creo que es mejor que me quede. Será una gran pérdida».

Bueno, ese comentario se quedó corto. Al llegar el domingo por la noche, el joven se acobardó. No solo no aclaró las cosas con el grupo, sino que ni siquiera llegó a la reunión. ¡Pude haber estado sentado junto a la consola del sonido en el concierto de U2! ¿Qué puedo decir? Y no podía tan siquiera mencionarlo.

He sufrido esta humillación solo durante todos estos años. Me siento bien al poder por fin compartir este dolor con mis colegas. Está bien, en realidad se siente como un lloriqueo mío, así que lamento haberlo mencionado. Todo lo que quiero decir es que *no me gustan las crisis*.

Todos somos personas ocupadas. Todos hacemos malabares con el trabajo, la familia y el ministerio tratando de servir a varios amos, intentando descifrar quién se decepcionará menos cuando no podemos cubrirlo todo. Simplemente, no hay un buen tiempo para enfrentar una crisis. Definitivamente, no podríamos buscarle un lugar durante esta semana o la próxima. Mejor vuelve a intentar a principios del otro mes, veremos qué se puede hacer.

Muchos padres casi no tienen tiempo para en verdad estar ahí durante las pequeñas crisis de sus hijos adolescentes. Si no aparecemos tanto física como emocionalmente, no podremos ayudar. Solo una crisis verdadera y de gran magnitud puede encontrar lugar en el apretado horario de muchos padres de modo que lleguen a afirmar que nada es más importante que el bienestar de sus hijos. Probablemente este sea un buen punto de partida.

Las crisis no respetan el reloj ni el calendario. Sin embargo, lo que ambos hemos concluido es que el célebre buen samaritano bíblico no tenía en realidad planificada en su agenda la misión de rescate que lo hizo tan famoso. Eso es parte de lo que le permitió convertirse en un *buen* samaritano. Él se hallaba en un viaje de negocios cuando dejó lo que estaba haciendo para ayudar a un hombre casi muerto. Si es así como se supone que tenemos que tratar a nuestros vecinos (y vecino en la historia se refiere a un completo desconocido), ¿no es esa la medida con la que se presume que debemos tratar a nuestros hijos?

¿QUIÉN ESTÁ «CALIFICADO» PARA MANEJAR UNA CRISIS?

Algunos de nosotros tememos —hasta evadimos— enfrentar las crisis de nuestros jóvenes porque tenemos miedo de no saber lo suficiente para ser una ayuda eficaz. Solo somos padres, ¿verdad? Nadie nos entrenó para esto, solo nos entregaron al bebé en la salida del hospital y nos desearon suerte.

Con seguridad muchos de nosotros tenemos títulos universitarios (y no hay como un diploma especializado para dar la impresión de que sabemos lo que estamos haciendo), pero no necesariamente eso significa que estás calificado para ayudar a tus hijos en tiempo de crisis. ¿Calificado? ¡Bromeas!

Sin embargo, luego leemos lo siguiente. La gran Madeline L'Engle escribió:

> En un sentido muy real, ninguno de nosotros está calificado, pero parece que Dios continuamente escoge a los más descalificados para hacer su obra, para mostrar su gloria. Si estuviéramos calificados, tendríamos la tendencia a pensar que hicimos el trabajo nosotros mismos. No obstante, si somos forzados a reconocer y aceptar nuestra falta de calificación, entonces no corremos el peligro de confundir la obra ni la gloria de Dios con la nuestra[1].

Hace poco a un amigo nuestro le fue dada la tarea de ayudar a la comunidad de la escuela secundaria de su ciudad a responder por la terrible perdida de tres estudiantes que murieron en un accidente automovilístico. Él se preguntó: ¿Cómo te preparas para esto? ¿Qué califica a una persona para ayudar en esta clase de dolor a los jóvenes y sus familias? Si es algo desalentador para un líder juvenil bien preparado, por qué no lo sería también para un padre promedio.

RVP: *No conozco a nadie que esté preparado para todo. Por más de una década serví como capellán con la división de Servicios Juveniles en el Departamento Correccional de Colorado. Mi grupo de jóvenes estaba*

*integrado por muchachos y muchachas que se encon-
traban encerrados por cualquier crimen imaginable...
y algunos inimaginables. En un momento me pidieron
que condujera un servicio en memoria de un joven que
murió trágicamente después de huir de la cárcel. El día
antes del servicio, estaba despidiéndome de un miembro del personal que era muy cercano y le tenía aprecio
a ese joven. Le dije: «Te veo mañana en el servicio».*

De inmediato me respondió: «¡Ah, no me verás!».

*Me sorprendió mucho su respuesta y le pregunté qué
quería decir con eso. Me explicó que no podía manejar
la muerte del joven. Él era muy competente en su trabajo, pero sus temores personales y su incapacidad para
seguir adelante estaban paralizando su capacidad para
ayudar en esa situación.*

Muchos padres entienden este dilema. La muerte, la enfermedad, la depresión, el abuso de sustancias y la identidad
sexual son zonas prohibidas para muchas personas, *en especial*
la zona de la identidad sexual. Muchos padres se resisten ante
la idea de ayudar a un joven que está atravesando algún problema de identidad sexual. Se ve con claridad en más de mil
formas que no están disponibles para ese trabajo en particular.
¡Qué lástima! Se pasan al otro lado, dejando a sus hijos venci-
dos y quebrantados porque no resolvieron por completo sus
propios problemas sexuales como para contestar las preguntas difíciles. Bajo unas reglas de juego tan estrictas, ¿cómo van
a responder cuando un joven resulte positivo en una prueba
de VIH (ya sea que lo contrajera sexualmente o por alguna otra
vía)? ¿Puede el cuidado paternal ser neutralizado tan fácilmente por la inmadurez y el miedo a la vulnerabilidad? Claro
que puede.

Ser padres de chicos jóvenes y vulnerables puede hacer
que los progenitores se sientan vulnerables también. Ser padres y atravesar las crisis es un deporte de contacto que nos
lleva a lugares a los que nunca pensamos que iríamos a fin de lidiar con problemas que nunca pensamos que enfrentaríamos.

RVP: Viajo por el mundo entero entrenando a líderes juveniles, pastores, terapeutas, directores de escuelas, consejeros, maestros, colegas, padres —y a cualquier otra persona que esté dispuesta a escuchar— en cuanto a la prevención de las crisis y la intervención en ellas una vez que ocurren. Normalmente empiezo un taller pidiéndoles a los participantes que digan qué es lo primero que viene a sus mentes cuando escuchan la palabra crisis.

Después de treinta años de estar viajando por este camino, ya casi puedo predecir las respuestas: emergencia, ayuda, desastre, temor, policía, peligro, apuro y terrorismo. Todos están de acuerdo en que una crisis evoca imágenes de daños físicos, espirituales, emocionales y relacionales. Pocos, si no es que ninguno, asocia de manera inmediata una crisis con una oportunidad. Sin embargo, podrían hacerlo. Todavía no he tenido la oportunidad de enseñar en China, pero aprendí que la palabra «crisis» se forma con los caracteres chinos que significan «peligro y oportunidad».

危机

¿Acaso los chinos pueden ver algo que el resto del mundo necesita aprender? ¿Acaso el peligro y la oportunidad vienen envueltos juntos en la forma de una crisis? Nosotros creemos que sí.

IR AL LADO

Existe una tradición bíblica que dice que Dios consuela al afligido (y algunas veces aflige al que consuela). Dios es conocido como el «Padre misericordioso y Dios de toda consolación, quien nos consuela en todas nuestras tribulaciones para que con el mismo consuelo que de Dios hemos recibido, también nosotros podamos consolar a todos los que sufren»[2].

Es una buena ilustración... *el Padre misericordioso y Dios de toda consolación.* El escritor Earl Palmer dice que la palabra *consuelo* se traduce mejor como *ir al lado.* En tal caso se leería: «El Padre misericordioso y Dios de *ir al lado,* quien *va al lado* en todas nuestras tribulaciones para que con el mismo *ir al lado* que de Dios hemos recibido, también nosotros podamos *ir al lado* de todos los que sufren». El texto parece un poco raro si lo lees así, ¡pero resulta asombroso! *El Padre misericordioso y Dios de ir al lado...* Hermoso.

Eso es lo que los padres imaginamos cuando nuestros hijos son niños: Que estaremos llenos de misericordia y siempre permaneceremos allí para nuestros hijos, yendo a su lado para ayudar, no importa lo que sea. Esto es lo que pedimos que Dios haga con nosotros; que de algún modo, por medio del milagro de su presencia cuando vamos al lado de nuestros hijos en crisis, Dios se aparezca trayendo nueva esperanza y vida de las cenizas.

Décadas de caminar con los jóvenes y las familias a través de los terrenos más difíciles de la vida transformaron la intervención en una crisis en algo que es mucho más que una obligación o una interrupción en nuestros horarios (esto vale por dos para nuestros hijos). Una crisis está impregnada de peligro... siempre hemos sabido esto. Sin embargo, con el tiempo hemos visto que la crisis también está plagada de oportunidades de crecimiento.

No decimos esto a la ligera. *Crecimiento* no significa que la familia llegue al nivel social de la clase media. Quiere decir *alcanzar la plenitud,* convirtiéndose de modo gradual en todo lo que significa ser plenamente humano. No conocemos a nadie que llegue a ese punto sin sufrir ni tener unas cuantas cicatrices producto de la batalla del verdadero crecimiento.

Al igual que los líderes juveniles que aman las crisis (o que por lo menos le dan la bienvenida), cuya estabilidad fue cuestionada por Van Pelt, los dos aprendimos a abrazar las crisis como un medio por el cual opera la gracia en medio de este planeta quebrantado. Por favor, no nos malinterpretes. No es que nos deleitemos de una forma mórbida al ver a los jóvenes sufrir. Al contrario, en realidad, para poder ir al lado de los jóvenes, necesitamos tener la voluntad de sufrir *con* ellos cuando sufren (ese es el significado de *misericordia*), llevando con nosotros la consolación que recibimos. Únicamente estamos haciendo por los jóvenes lo que nos gustaría que ellos hicieran por nosotros si la situación fuera a la inversa. Creemos que estamos dando de lo que antes recibimos del *Dios que va a nuestro lado*.

2.0

QUÉ HACER
PRIMERO

¿Qué hacemos cuando todo se derrumba? ¿Cuál debiera ser nuestra primera respuesta y cómo podemos mantenernos reaccionando mucho después de que has pedido refuerzos para ayudarte con la crisis de tu hijo?

Esta sección te ofrece herramientas para ayudarte a evaluar el riesgo inmediato y luego mantenerte conectado en medio de las consecuencias de la experiencia de crisis de tu adolescente. No tienes que hacer estas cosas a la perfección, solo tienes que hacer lo mejor que puedas.

La experiencia nos dice que si puedes aprender lo que aparece en esta sección, «lo mejor que puedas hacer» será en realidad algo muy bueno.

2.1 *TRIAGE*

En sus días, *M*A*S*H* se colocó a la vanguardia al mezclar el humor y la tragedia humana, atrayendo a cien millones de televidentes durante su transmisión final.

En el programa de televisión, semana tras semana la alta y clara voz de Radar O'Reilly silenciaba cualquier algarabía que hubiera al anunciar: «¡Herido llegando!», a lo cual le seguía de inmediato el sonido del aterrizaje de los helicópteros. Doctores y enfermeras le hacían a cada herido un examen inicial para determinar el nivel apropiado de intervención médica que debería recibir. Algunos eran llevados de inmediato a cirugía para operar sus heridas de vida o muerte; otros con lesiones menos serias eran remitidos a un área de espera mientras les tocaba su turno; al resto se les declaraba muertos o más allá de toda ayuda.

Ese proceso tan severo es conocido como *triage* (se pronuncia tri-ash), un término que proviene de la palabra en francés que significa «clasificar». El triage es también el primer paso a la hora de ayudar a los jóvenes en crisis.

Henri Nouwen, que entre otras cosas es fundador de la famosa clínica Menninger, afirmó:

> Podemos hacer mucho más por los demás de lo que pensamos. Cierto día, el famoso psiquiatra Karl Menninger les pidió a sus estudiantes que identificaran el elemento más importante en un proceso de tratamiento. Algunos dijeron que era una relación psicoterapéutica con el doctor. Otros alegaron que dar recomendaciones para una conducta futura. Otros volvieron a afirmar que era el contacto continuo con la familia

después que el tratamiento en el hospital hubiera terminado. Existían diferentes puntos de vista. Sin embargo, Karl Menninger no aceptó ninguna de esas respuestas como la correcta. La respuesta que buscaba era el «diagnóstico». La primera y más importante tarea que tiene una persona que cura es hacer un diagnóstico correcto. Sin un diagnóstico exacto, el tratamiento posterior tiene poco efecto. Mejor dicho, el diagnóstico es el inicio del tratamiento[1].

Dada la curiosidad natural e impulsividad de la mayoría de los niños, nueve de cada diez padres estuvieron de acuerdo en que es una maravilla que lleguen a la adolescencia. Asumiendo que estás leyendo esto porque los tuyos lo han hecho, entonces te has familiarizado con la alerta que dice: *¡Herido llegando!* Sin importar qué tanta diversión estés teniendo, este es el momento de buscar una zona de aterrizaje para examinar el daño y tratar de descifrar cuál será el siguiente paso.

Decimos *tratar* de descifrar cuál será el siguiente paso porque el problema no puede ser tan obvio como reconocer una herida de bala o una quebradura. Esto significa que tendrás que trabajar para lograrlo.

RVP: *Paso mucho tiempo viajando, y tengo que reconocer que admiro a esos viajeros que abordan un avión, encuentran su asiento, y de inmediato empiezan a conversar con la persona que se halla sentada a su lado. Para ser honesto, también tengo que admitir que soy el tipo de viajero que ora para que el asiento que está junto al mío permanezca vacío. Para cuando subo al avión, estoy cansado y no aguanto las ganas de tomar una siesta. Lo último que quiero hacer es empezar una conversación con alguien al que, probablemente, nunca volveré a ver en mi vida.*

Eso fue lo que me permitió darme cuenta de que la mujer sentada junto a mí me daba todo tipo de indicaciones de que las cosas no estaban bien en su alma... o en cualquier otra parte. Así que estaba yendo en contra de mi forma de ser cuando pregunté: «¿Se encuentra bien?».

Sin ninguna presentación o algún tipo de conversación trivial, la mujer me contó que su hija había intentado suicidarse en su escuela y estaba viajando para estar con ella en el hospital. Parte de lo que hacía de esto una experiencia terrible y traumática era que la pobre señora no tenía idea de lo insoportable que era la vida para su hija. Me decía que era más fácil cuando eran más niños, porque se podían reconocer con más facilidad las situaciones por las que estaban pasando. No habían muchas ocasiones en las que los niños se salieran con la suya, y cuando exigían saber cómo los había atrapado, solo les contestaba: «¡Un pajarito me lo contó!».

Una vez, después de un día entero haciendo dulces y galletas para Navidad, ella los mandó a que se alistaran para irse a dormir mientras terminaba de lavar los platos. Los niños no se habían percatado del gran espejo que estaba frente a la cocina, el cual daba una vista clara del comedor, el lugar donde estaban guardadas las galletas y vivía la familia de periquitos.

Ella observó muy entretenida mientras su hijo de siete años entraba al comedor de puntillas, envolvía la jaula de periquitos con una manta, y convocaba a sus hermanitas para que se unieran a su hazaña. Los niños se llenaron los bolsillos hasta quedar satisfechos con el botín que se estaban llevando para la noche. Las niñas se fueron directo al cuarto, pero el niño se quedó un rato más mientras le quitaba la manta a la jaula de los periquitos.

Imagínese la sorpresa cuando, minutos más tarde, su mamá los llamó para que devolvieran el botín. Cuando las hermanitas miraron a su hermano con ojos acusadores, él alzó sus manos y gritó: «¡Lo juro, cubrí la jaula de los pájaros!».

Ahora, mi compañera de asiento estaba a punto de enfrentar lo que probablemente era la conversación más difícil de su vida. Y esta vez, ambas sabían que no fue ningún pajarito el que contó el secreto de la hija.

Alguien hace tiempo olvidado (al menos por nosotros) estimó que la mayoría de los padres de los jóvenes que abusan del consumo de drogas tienen una corazonada dos años antes de actuar y hacer algo al respecto. ¡Dos años! Y no se trata solo de los padres. Nosotros dos hemos experimentado situaciones en las que sentimos que algo estaba mal con un joven o su familia, pero debido a una u otra razón nunca hicimos nada por indagar sobre la situación. Mientras más envejecemos, más aprendemos a confiar en nuestros sentimientos e intuiciones, y por lo menos exploramos para ver si existe alguna razón viable para preocuparse.

Es distinto con el triage. Ese es el primer paso que un padre debe dar cuando *sabe* que hay algo de qué preocuparse. Un ligero olor a vómito sale del clóset de su hija. Ella encontró manchas de sangre en el puño de una de las camisas de manga larga que siempre usa. Un estudiante de secundaria se subió por error las mangas, dejando al descubierto lo que parecían ser cicatrices de cortaduras autoinfligidas en su muñeca. Otro padre llama para hablar del hijo de su mejor amigo, que ha estado mutilando a pequeños animales.

Estas no son situaciones para decir: «Ah, me pregunto si habrá algún problema». Hay uno. La primera tarea es establecer qué tan grande es el riesgo para que puedas determinar cuál es el mejor proceso a seguir.

CREA UN LUGAR SEGURO

El ritmo del corazón se acelera cuando tu hijo te dice que su novia está en camino a casa porque necesitan hablar contigo. Te dices a ti mismo que es ridículo; ellos son buenos jóvenes... pero sabes muy bien que no hay garantía de que se trate de malas noticias. Minutos después, tu hijo la hace pasar y puedes ver que ella ha estado llorando, así que te preparas. Entonces preguntas: «¿Qué está sucediendo?».

Sarah comienza a llorar y apenas se escucha la voz de tu hijo que responde: «Ella tendrá un bebé».

Tratas de no impresionarte. Le has advertido acerca de esto. Él te dijo que no te preocuparas. *Cálmate*, piensas. *Pregunta primero. Puedes matarlo más tarde.* «Cuéntame todo», dices con calma.

Lo que escuchas desvanece tu ira en un santiamén, o al menos la encausa en otra dirección. El embarazo es el resultado de un abuso incestuoso de su padrastro. La situación es completamente diferente, pero aún tan mala como temías. Y así, con gran alivio, haces una oración silenciosa de agradecimiento por decidir escuchar antes de hablar.

Ayudar a tu hijo requiere crear un lugar seguro al:

- Conocer los hechos.
- Dedicar un tiempo a escuchar sus historias.
- Edificar confianza (una superior a la que ya comparten).
- Permitir la expresión sincera de los sentimientos.
- Evaluar el nivel inmediato de riesgo.
- Determinar qué tan lejos puede llegar la crisis antes de pedir ayuda.

Conoce los hechos

Puedes responder sin conocimiento de causa, pero probablemente no logres nada. El triage comienza con la obtención de la información básica para tomar las decisiones iniciales acerca de cómo proceder. Eso significa conocer los hechos, por supuesto. También significa entender las percepciones de cada una de las personas acerca de los hechos.

Las personas tienen dificultades para presentar los hechos con completa objetividad, ya que nadie experimenta la vida objetivamente, y menos cuando las emociones y los patrones de pensamiento están distorsionados por una crisis. Una experiencia filtrada por las percepciones de dos individuos puede hacerte pensar si incluso están hablando del mismo suceso.

JH: Mi esposa y yo una vez nos pusimos de acuerdo para reunirnos en el vestíbulo de un hotel en el centro de la ciudad de Denver. Llegué a tiempo y esperé. Luego esperé más. Esto era en los días en que las llamadas por los teléfonos celulares eran bastante caras y no existían los mensajes de texto. Aún no teníamos la costumbre de llamarnos diez veces al día. Sin embargo, después de media hora comencé a preocuparme y la llamé a su celular:

—¿Dónde estás? —le pregunté.

—Estoy en el vestíbulo —me dijo—. *Esperando. ¿Dónde estás tú?*

—Estoy en el vestíbulo —respondí mientras miraba a todos lados—. Justo al lado de la estatua del caballo.

—Estoy en el vestíbulo y no hay ningún caballo —indicó ella—. ¿En qué hotel estás?

—En el Adam's Mark —le respondí.

Yo sabía en qué hotel habíamos acordado encontrarnos.

—¿En qué hotel estás *tú*?

—Estoy parada justo al lado del mostrador de la recepción en el Adam's Mark y tú no estás aquí —me dijo.

Fue entonces que se me ocurrió que, aunque no podía hallar una razón para tal cosa, era mejor que revisara si habían dos vestíbulos en el Adam's Mark. Los había. Un empleado me lo confirmó, como si todo el mundo lo supiera. Dos vestíbulos en lados opuestos de la calle. Ambos estábamos esperando como lo prometimos, pero sin ninguna esperanza de vernos en realidad.

A veces solo tienes que seguir averiguando hasta que encuentras la pregunta correcta y comienzas a entender.

> **RVP:** *Algunas veces le digo a un alumno: «Creo entender lo que piensas que sucedió. Si por alguna razón fuera a preguntarle a tu maestra acerca de esto, ¿qué opinas que diría?». En más de una ocasión me he sorprendido al escuchar al mismo joven dar un relato totalmente diferente del suceso al imaginarse cómo se veía a través de los ojos de su maestra. Sin embargo, el asunto aún se mantiene en el nivel de la especulación. El alumno puede tener una noción distorsionada de lo que su maestra cree y siente. Podría, por ejemplo, basar su evaluación en el tono de voz que percibió de su maestra. Un tono de voz... eso es un poco como leer la mente, ¿verdad?*

Por eso es muy importante adquirir más de una perspectiva si se puede. Tal cosa no siempre es posible, pero vale la pena intentarlo. Cuando un joven en crisis dice: «Mi maestra me odia y no hay nada que pueda hacer para cambiar eso», sé amable, pero no aceptes su palabra por completo. Él está en crisis. Sus pensamientos y emociones pueden estar distorsionados. Si se resiste a tus intentos de obtener tanta información y perspectivas como sea posible, esto puede indicar un problema más profundo, o al menos uno diferente al que piensas que estás resolviendo. Conoce los hechos. Los hechos son la materia prima para resolver el problema.

Dedica un tiempo a escuchar sus historias

Saltar a conclusiones no solo es injusto, también es peligroso si lleva a un joven que ya está en riesgo a salir por tu puerta sin haber recibido ayuda. No existen atajos para escuchar la historia completa. Y escuchar lleva tiempo.

Algunas veces escuchar también requiere de un poco de persuasión. Aquí hay una lista de frases que te ayudarán a empezar la conversación. (Nota: Estas preguntas no son secuenciales, y no todas se ajustan a todas las situaciones).

- Dime de qué te gustaría hablar.
- Dime dónde comienza tu historia.
- ¿Quién más está involucrado en esta historia? ¿Cómo están involucrados?
- ¿Quién más sabe de esto?
- ¿Qué has hecho para lidiar con el asunto hasta ahora?
- ¿Quién te está apoyando a través de esto?
- Si fueras alguno de tus amigos, ¿estarías preocupado por ti?
- Cuéntame más sobre esto.
- ¿Consideraste lastimarte o lastimar a alguien más?
- ¿Estás tomando tu medicina a tiempo?
- ¿Qué tanto te está ayudando eso? (califícalo en una escala del uno al diez).
- Dime más en cuanto a esto.
- ¿Te estás automedicando?
- Habla más acerca del asunto.

Una señorita podría tantear las aguas para ver si en realidad estás interesado y eres capaz de ayudar o solo estás en contra de ella. Este examen podría adoptar la forma de *presentar un problema* que tiene poco que ver con el asunto central, aunque siendo justo, quizás la señorita no ha identificado el problema real aún. Así que, sin perder de vista lo que *parece ser* el asunto, mueve la conversación hacia lo más profundo, una capa a la vez, hasta que tu hijo se sienta lo suficiente cómodo (o lo suficiente consciente) para contar *la historia detrás de la historia*. (Hablaremos más adelante acerca de esto).

Una vez que piensas que ya entiendes el problema que se te presenta, haz la pregunta: «¿Y cómo está todo lo demás?». Es notable qué tan a menudo esto puede llevar a una descripción del asunto real que yace detrás del problema presente.

En las situaciones donde el problema presente es algo como: *Estoy deprimido, Me siento solo, Estoy confundido, Siempre estoy cansado, No puedo concentrarme, Me siento triste, Siempre me enojo, No puedo dormir, Ya no me importa nada, No puedo comer,* o *No puedo dejar de comer*, pregunta: «¿Cuándo fue la última vez que esto *no fue* un problema? Cuéntame más de esto».

Recuerda, esto es un *triage*, no una cirugía. No estás resolviendo un problema; estás tomándote el tiempo para escuchar la historia completa a fin de entender cuál es el problema (o tal vez cuáles son los problemas).

Edifica la confianza

Quizás escuchaste la historia acerca del soldado que, antes de regresar a casa del combate, llamó a su familia para ver si podía llevar a un amigo para una larga visita. La reacción inicial de ellos fue positiva, hasta que proveyó más detalles. «Mi amigo fue alcanzado por una granada que le arrancó uno de sus brazos».

Aunque vaciló, la madre del soldado lo animó a traer a su amigo a casa. «También debes saber que perdió una de sus piernas en un ataque», agregó.

Hubo una larga pausa en el teléfono, pero todavía lo animaron a traer a su amigo a casa. «Creo que también deben saber que está bastante desfigurado, porque un proyectil destrozó la parte izquierda de su rostro».

«Bueno, sabes», replicó su mamá, «tal vez sería bueno que vinieras solo por algún tiempo y luego, cuando las cosas se estabilicen, podemos hablar acerca de tu amigo para que venga a visitarte un corto tiempo». Su mamá escuchó un clic al otro lado del teléfono.

Unas cuantas semanas después, la familia del soldado recibió una notificación diciendo que el cuerpo de su hijo fue encontrado, víctima de un aparente suicidio. Confusos y deseando estar seguros de que se trataba de su hijo, el padre del soldado preguntó cómo fue determinada su identidad. El oficial explicó que, puesto que el muchacho no tenía identificación, utilizaron los registros dentales. «¿Por qué?», replicó el padre. «¿No podían haber utilizado una fotografía de su expediente?».

La respuesta del oficial fue devastadora. «Desafortunadamente, señor, su hijo tuvo lesiones severas en combate, perdió su brazo derecho, un proyectil le daño el rostro, y perdió su pierna izquierda. Su rostro estaba tan desfigurado que una fotografía habría sido de muy poca ayuda».

Puedes ver hasta dónde nos conduce la historia. Todos queremos saber si hay límites para el amor de nuestra familia.

Los adolescentes algunas veces sienten el temor de que si en realidad supiéramos la verdad, ya no querríamos saber nada de ellos... que es lo que muchas veces sucede.

¡Qué contraste tiene esto con la forma de ser del Dios que personas como nosotros afirmamos conocer! Jesús les dijo a sus discípulos: «Sean misericordiosos, como su Padre es misericordioso»[2]. Este es el Padre del que el poeta David escribió: «El SEÑOR está cerca de los quebrantados de corazón, y salva a los de espíritu abatido»[3].

Así de alto es el estándar que se les presenta a los padres al conocer las historias de los jóvenes quebrantados de corazón y abatidos de espíritu. Que Dios nos ayude a proveer un lugar seguro donde ellos también puedan encontrar esperanza y sanidad.

JH: Las familias que dependen de guardar secretos son como bombas a punto de estallar. Si eso describe a tu familia, haz un inventario de tus secretos y comienza abrirles esas puertas a tus hijos. He escrito sobre esto en un libro titulado *Rising Adults* [Criando Adultos]:

Para que un lugar se sienta seguro, alguien tiene que lograr que sea así primero.

Esto significa abandonar las reglas del partido y contar mi verdadera historia. Quiere decir que necesito confesarlo todo. Hacer que un lugar se sienta seguro es tan simple y tan complicado como eso.

Muchos padres preguntan: «¿Qué tanto tengo que decirles a mis hijos?». En mi opinión, antes que todo termine, deberías decirles todo a tus hijos.

Ah, no lo sé. ¿Todo? ¿Qué tal si él piensa que puede hacer algunas de las cosas de las cuales me he retractado?

Sí. Todo. Si tú hiciste algo lamentable o incluso malo, tus hijos no creerán que esté bien que ellos también lo hagan. Esto los ayudará a entender mejor cómo fue que arruinaste las cosas, y podría servirles como una historia preventiva. Y además puede hacer que se sientan más seguros para admitir sus propios defectos. Así que, cuéntales todo en una dosis apropiada para su edad. Yo lo he hecho. Poco a poco, mientras Kathy va creciendo, le cuento más y más. Para cuando ella termine la universidad, sabrá la historia detrás de mis historias.

Lo que ella no sabe, porque no necesita saberlo, es cada detalle de esas historias, porque varios de esos detalles no le sirven para nada. Sin embargo, como mis amigos de los Doce Pasos dicen, admitir la naturaleza exacta de mis equivocaciones es muy útil... para mí y para ella. La *naturaleza exacta de mis equivocaciones* es mucho más instructiva de lo que los detalles podrían serlo. Kathy podría decirte que crucé la línea aquí y allá con demasiados detalles, y estaría en lo correcto. Aprender cómo decir la verdad de mi historia sin confundir la *verdad* con los *detalles* toma tiempo[4].

Si quieres que tus hijos confíen en ti cuando atraviesen una crisis, confía en ellos con tus historias.

Permite la expresión sincera de los sentimientos

Los adolescentes más jóvenes, en particular los varones, tienen dificultad para expresar sus sentimientos. No es inusual percibir una amplia gama de emociones, incluso conflictivas —en especial en los asuntos relacionados con la familia— que abarcan el amor y el odio intensos hacia la misma persona. Estas emociones están obviamente en conflicto, y son por supuesto reales. Las mismas deben enfrentarse, expresarse y sacarse a la luz para que la sanidad tenga lugar.

Un padre que escucha puede complicar el proceso al estar de acuerdo demasiado pronto o evaluar prematuramente la expresión emocional. Imagina que escuchas a la novia de tu hijo hablar acerca de ser una víctima de su padrastro. Está tratando de expresarse cuando de repente esto parece mucho para ella, así que exclama: «Lo odio. Ojalá estuviera muerto».

Puedes sentirte inclinado a responder: «Y me gustaría ayudarte a enterrarlo». Esa podría ser una reacción honesta, pero tal vez no sería de mucha ayuda en ese momento. Tu meta en el triage es invitar al adolescente a expresar con sinceridad las emociones complicadas. No impedírselo. Luego de respirar, ella quizás esté lista para añadir: «Pero lo amo demasiado para lastimarlo, y tengo miedo de que se meta en problemas».

Las emociones en conflicto son difíciles de sentir —sin hablar ya de admitir y expresar— y no pueden ser exploradas hasta que se identifican. Invita a la expresión sincera de las emociones complicadas... luego apártate del camino mientras las complicaciones emergen, sin que nuestra evaluación les dé una determinada connotación. (Recuerda, escuchar profundamente lleva tiempo). El desahogo emocional y espiritual que puede acompañar a la honesta verbalización de un conflicto sentido de un modo muy hondo puede ser terapéutico en sí y por sí mismo.

Utiliza preguntas abiertas y que guíen para facilitar el proceso. A fin de ayudar a un adolescente en crisis a profundizar en el asunto, di cosas como:

- ¿Y qué sentiste en ese momento?
- Habla acerca de tus otros sentimientos.
- ¿Qué pensaste que estaba tratando de hacer?
- ¿Qué quisiste hacer debido a eso?
- ¿Qué más me ayudaría a entender esto?

Por supuesto, encontrar las palabras para expresar sus sentimientos no es algo fácil para las personas que no tienen un mapa emocional confiable. Puedes utilizar el mapa emocional del apéndice 6.3 para ayudar a tus hijos a ubicarse en un territorio no conocido. Mientras más clara sea la descripción emocional, más cerca estarás de encontrar correctamente el siguiente paso.

Evalúa el nivel inmediato de riesgo

Crear un lugar seguro incluye:

1. No llevar las cosas fuera de proporción al evaluar demasiado alto el factor de riesgo dadas las circunstancias.

2. Demostrar que tomas a tu hijo en serio al evaluar el nivel de riesgo.

Expresar tu cuidado algunas veces toma a los adolescentes por sorpresa, incluso de forma contraintuitiva.

Acabas de escuchar la confesión de tu hija: La atraparon haciendo trampa en un examen parcial en el último año de sus estudios de secundaria y se siente avergonzada. Ya fue aceptada en una universidad prestigiosa, pero perder este curso significaría no graduarse junto con su clase. También enfrenta la pérdida de la beca de la fraternidad de su abuela. Sabe que estás decepcionado. ¿Cómo no estarlo? Ella murmura: «Sería mejor que estuviera muerta, al menos no deshonraría a la familia». Nunca la escuchaste hablar de esta manera. ¿Qué tal si está pensando en suicidarse? Tragas fuerte y dices: «Sabes, si estuviera en tu situación y me sintiera tan mal como te sientes ahora, creo que pensaría en quitarme la vida. ¿Es esto algo que estás considerando?».

Aunque parezca extraño, al iniciar la pregunta comunicas dos cosas importantes:

1. Reconoces cuán mal se siente.
2. No tienes temor de hablar al respecto.

Cuando haces esto, una de dos cosas pasarán: Ella dirá que *sí le ha dado cabida a algunos pensamientos suicidas*, o explicará que *no, que se siente mal, pero sin llegar a ser autodestructiva*.

La próxima sección trata acerca de qué hacer si no estás absolutamente convencido de que tu hijo o hija no ha tenido pensamientos suicidas.

Si las respuestas a tus preguntas te convencen de que ella no es suicida (y existe la posibilidad de que en verdad esté sorprendida de que hayas llegado a pensar eso), aun así le has indicado que tomas su dolor en serio y no tienes miedo de enfrentar el asunto con ella y buscar la sanidad. En este caso:

- Aprovecha el momento como una oportunidad para la prevención.

- Planifica una conversación para ver cómo se sintió al día siguiente.
- Asegúrate de que tu disposición la ayude a arreglar el conflicto por el que atraviesa. No la puedes rescatar de las consecuencias de su comportamiento, pero puedes caminar con ella a través del proceso.
- Llegaste hasta acá, así que solo di: «¿Me prometes que si las cosas alguna vez se ponen tan mal que quisieras morir, vendrás a verme?». Ahora al menos conoce a una persona que no quiere que ella muera. A veces eso es todo lo que se necesita.

Determina qué tan lejos puede llegar la crisis antes de pedir ayuda

Ahora mismo puedes estar diciendo: «¡Vaya! Esto no estaba en mi contrato cuando acordé tener un hijo». Está bien. Una crisis puede representar un chequeo de la realidad para ti... un recordatorio de que si hay un Dios, con seguridad no eres tú.

Nadie conoce a tus hijos de la forma en que lo haces, pero esto tampoco significa que sabes todo sobre ellos. Y tampoco tienes que saberlo. Los padres tenemos que involucrarnos porque Dios nos dio la responsabilidad y nos coloca en el lugar correcto en el momento preciso con la promesa de convertirnos en las personas adecuadas para hacer el trabajo, al menos por esta vez. Aquel que ha dicho: «Dios no nos usa porque somos capaces; Dios nos capacita cuando nos usa», tenía el dedo apuntado a la realidad. Preocuparse lo suficiente para *estar ahí* y *permanecer ahí* algunas veces puede significar más para la supervivencia de los adolescentes que la experiencia clínica.

Una vez dicho esto, parte del proceso de triage involucra determinar quién está mejor calificado para brindar cuidados. Una vez que el equilibrio básico se restablece, los padres eficaces siempre preguntan: *¿Quién es la persona correcta para hacer avanzar este proceso? ¿Puedo llevar a mi hijo a donde necesita ir? ¿Tengo las habilidades necesarias para ayudarlo a largo plazo, o necesito pedir refuerzos?* La sección 3.1 trata de cómo obtener ayuda cuando la necesites.

No es para repetirlo hasta el cansancio, pero si alguien que tiene mejores habilidades o experiencia está disponible, necesitamos considerar la posibilidad de traerlo a la conversación. Ayudar a tu hijo a obtener lo que necesita es más importante que quedar bien o ser aquel que porta las buenas nuevas. Si dudamos de esto, tenemos otro problema con el que lidiar.

2.2 DLAP: **QUÉ HACER CUANDO LE TEMES AL SUICIDIO**

Aquí presentamos una herramienta de triage para ayudarte a evaluar el riesgo de suicidio. La sección 4.19 profundiza en cuanto a cómo reaccionar ante los intentos, gestos y actitudes de suicidio. Por ahora, es importante pensar sobre qué hacer primero cuando le temes al suicidio.

> *RVP: Le pregunté a un grupo de jóvenes: «¿Cuántos de ustedes en algún momento han pensado en suicidarse? Tal vez solo fue un pensamiento fugaz, o pudo haber sido algo que consideraron por días, incluso semanas». Cerca de la mitad de los jóvenes levantó la mano. Tal cosa indica mucha tristeza, frustración, soledad y depresión. Sin embargo, la presencia de estos jóvenes en la reunión resalta el hecho de que la mayoría de la gente que ha considerado el suicidio encuentra una forma de recuperar el equilibrio y escoge la vida.*

El número de adolescentes que en realidad se ha suicidado ni siquiera se acerca al número de aquellos que han considerado hacerlo. El índice de suicidio de los adolescentes disminuyó durante los años 90, de once de cada cien mil en 1990 a siete de cada cien mil en el año 2003. En el 2004, ese número aumentó por primera vez en mucho tiempo, ya que mil novecientos ochenta y cinco jóvenes estadounidenses menores de veinte años terminaron con su vida; alrededor de doscientos cincuenta suicidios más que en el 2003. Esas son las últimas cifras disponibles a la hora de escribir este libro, y no se sabe si aumentarán, lo que resultaría muy desalentador, o si disminuirán, lo que sería muy bueno. Lo que sí está claro es la insuperable pérdida de adolescentes que se quitan la vida.

Nunca descartamos o trivializamos los pensamientos e intenciones suicidas. Cuando vemos o escuchamos algo que nos hace sentir preocupados, empleamos una simple y comprobada herramienta para evaluar el riesgo. Si tu hijo expresa pensamientos o intenciones suicidas, puedes utilizar esta herramienta para determinar si debes dar pasos inmediatos para proteger su vida. La misma consiste en un simple acróstico: DLAP.

DLAP

D — DETALLES ESPECÍFICOS

- ¿Existe un plan específico?
- ¿Qué tan bien piensa en su plan?
- ¿Tiene una hora determinada? ¿Un lugar? ¿Un método?
- En una escala del uno al diez (donde uno es: *Nunca me quitaría la vida* y diez indica: *Tan pronto como tenga una oportunidad voy a hacerlo*), ¿dónde se ubicará él? (Quizás pienses que un hijo que está pensando en quitarse la vida no te dirá la verdad, pero existe una alta probabilidad de que lo haga si está comenzando a pensar que no tiene nada que perder).

L — LETALIDAD DEL MÉTODO

- ¿Indica el método un claro deseo de morir? (por ejemplo: las armas y saltar al vacío son frecuentemente más letales que tomar pastillas).

A — ACCESO AL MÉTODO

- Si el método incluye armas, venenos u otras medidas letales, ¿están esos medios ya disponibles?

- ¿Involucra el plan un lugar donde podría ser difícil tener acceso a él?
- ¿Indica el plan que podría desear ser interrumpido?
- ¿Puede nombrar a alguien que quisiera detenerlo si tratara de quitarse la vida? Una persona que tiene dificultad para nombrar a alguien así está en alto riesgo. Es posible que esté equivocada en su evaluación, pero si cree que es verdad, podría actuar como si lo fuera. Si identifica a alguien que cree que intervendría, eso te dice a quién involucrar a la hora de vigilar un posible suicidio.

Es perfectamente aceptable que expreses tu miedo y tu pena, pero no te descontroles. DLAP se caracteriza por una serie de preguntas que son tanto directas como relacionalmente cálidas. Las respuestas de tu hijo te ayudarán a evaluar la aparente seriedad del intento, lo que a su vez te ayudará a limitar tus opciones y llevar a cabo la acción apropiada.

Si sus respuestas te convencen de que no es suicida, incluso así le indicas que tomas su dolor en serio y no tienes miedo de enfrentar el asunto con él y buscar la sanidad. Deja que la conversación sea la plataforma de lanzamiento para un nivel renovado de comunicación entre ustedes.

Si no estás satisfecho con sus respuestas, trata de buscar la intervención médica de inmediato. Súbelo al auto o un taxi y llévalo a una clínica o a la sala de emergencias. Si crees que necesitas sujetarlo, lleva a uno o más adultos para que te acompañen y haz que se siente entre ellos. Si es necesario, llama al número de emergencias para que te envíen una ambulancia o a un agente del orden público. Ellos te preguntarán si tu hijo representa un peligro para él mismo y los demás. Diles que sí sin dudarlo. Aun si tu hijo no se ha lastimado, el personal médico sabrá qué hacer. (Este es el paso número uno. Lee la sección 4.19 para más información sobre el suicidio).

Padres a prueba de crisis: Una guía para prevenir y curar los problemas de nuestros hijos

2.3 CONÉCTATE

Robert Venigna conocía algo acerca de las personas en crisis. Él era, después de todo, un consejero. Sin embargo, no fue hasta que enfrentó una crisis por sí mismo que empezó a observar las diferencias entre aquellos cuyas vidas son desperdiciadas por la crisis y los que no solo sobreviven, sino también consiguen prosperar luego de la etapa del trauma. En *A Gift of Hope, How We Survive Our Tragedies* [Un regalo de esperanza: cómo sobrevivimos nuestras tragedias], él identifica algunas características compartidas por los sobrevivientes. Tal vez la observación más relevante, al menos para nuestro contexto, es: «Casi sin excepción, aquellos que sobreviven a una tragedia le dan crédito a una persona que estuvo a su lado y le dio un sentido de esperanza»[1].

Piénsalo... *una persona...*

LO QUE SOMOS ES MÁS IMPORTANTE QUE A QUIÉNES CONOCEMOS

RVP: La corte le ordenó a mi amigo Todd hacer una cita con un psicólogo. Él era solo un inocente elemento dentro del amargo divorcio de sus padres, y la corte iba a decidir cuál progenitor tendría la custodia, de ahí la solicitud de la evaluación psicológica. Todd era increíblemente aprehensivo, así que le pidió a su grupo de discipulado que orara por su temor a la consejería y al estereotipo del psicólogo. Yo era el adulto facilitador del grupo pequeño de Todd, por lo que luego de su reunión inicial le pregunté cómo habían salido las cosas.

«Fue un desastre», dijo Todd. Su peor pesadilla se había convertido en realidad, comenzando por la pregunta inicial del doctor: «Bueno, Todd, dime, ¿cómo te sientes en verdad?». «Quería decirle al sujeto: "¡Me das escalofríos y quiero irme de aquí lo antes posible!"». De modo que se rehusó a volver para una sesión de seguimiento.

El doctor era un psicólogo graduado. No había duda en cuanto a su preparación profesional, no había razón para creer que no sabía qué hacer, solo no hizo lo correcto. Él no pudo establecer la conexión necesaria para darle a Todd la ayuda que necesitaba.

Si esto puede sucederle a un profesional, puede sucederle a un padre también. Para ayudar a los jóvenes en crisis es necesario hacer la conexión correcta.

Los psicoterapeutas hablan acerca de la importancia de la *alianza terapéutica*. Michael Craig Miller, editor general del *Harvard Mental Health Letter* [Comunicado de salud mental de Harvard], escribió:

> La alianza terapéutica, también llamada alianza de trabajo, es esencial para una psicoterapia exitosa. Por supuesto, el sentido común dicta que cualquier consulta debe involucrar un fuerte compañerismo que permita que dos personas hagan un trabajo serio. Sin embargo, hay mucho más en todo esto. Muchos profesionales creen que, en la psicoterapia, la calidad de la alianza es más importante que cualquier otro aspecto del tratamiento[2, 3].

Un padre que carece de conexión personal con su hijo no podrá hacer mucho para ayudarlo en medio de una crisis. Por el contrario, hacer una conexión genuina requiere de un largo camino para vencer el déficit de entrenamiento formal. El día menos esperado, *quiénes somos* como ayudantes en la crisis puede ser más importante que *lo que sabemos*. Para mejor o peor.

De alguna manera tal vez esta idea encaja en el capítulo de prevención (capítulo 5.0), porque mucho de lo que tenemos que decir sobre hacer conexiones es difícil de adquirir de repente el día que la crisis estalle: En la crisis, el vidrio se quiebra. Si tu hijo entra en una crisis mientras cree que lo miras con desprecio, eso hará difícil establecer una conexión.

Dicho esto, aun si las cosas están bien entre tu hijo y tú, cada crisis requiere de una conexión fresca.

LA ANATOMÍA DEL PADRE CONSEJERO

Los jóvenes en crisis rara vez se acercan a un padre que simplemente *esperan* que se preocupe por sus problemas. Ellos van tras un padre o algún adulto que *demuestra* que es accesible y está dispuesto a ayudar pase lo que pase. Así es como ese tipo de personas se ven...

Humor

El área del escenario fue preparada para el servicio funerario de un joven de la marina, asesinado durante los ejercicios de entrenamiento para el combate. Una carpa abierta a un lado cubría el área con más o menos una docena de sillas plegables, reservadas para la familia inmediata. La familia empezó a llegar y la abuela (una mujer desafortunadamente grande) fue ubicada en el centro y adelante.

Hacia el final del servicio, el capellán le indicó a la guardia de honor que iniciará el saludo acostumbrado de las veintiuna armas. La abuela estaba tan asustada por el sonido de la primera ronda de disparos que literalmente se levantó de su asiento. La silla, se debe aclarar, no tenía la estructura adecuada para esta combinación particular de masa y velocidad. Así que, cuando la abuela cayó, la silla colapsó debajo de ella, estrellándose en el suelo. Horrorizado, su nieto de seis años de edad gritó: «¡Dios mío! ¡Le dispararon a la abuela!».

No quedó una persona sin llorar, y por primera vez en varios días no eran lágrimas de dolor o pesar. ¡Incluso la abuela reía de un modo incontrolable!

Obviamente, no hay nada gracioso en la pérdida de un ser querido, nada cómico en una enfermedad terminal, un abuso sexual o un embarazo crítico. Reírse de las personas o de la fuente de su dolor es y será siempre de mal gusto. Sin embargo, a veces, en medio de los momentos más difíciles de la vida, suceden cosas graciosas. Y hay algo muy terapéutico en una buena risa de corazón en el momento apropiado. En efecto, cuando en realidad reímos (con el tipo de risa que te deja los ojos llorosos y la nariz húmeda), nuestros cerebros liberan endorfinas dirigidas a los mismos receptores que la morfina. La risa santa es un analgésico. Como dice el viejo proverbio: «Gran remedio es el corazón alegre, pero el ánimo decaído seca los huesos»[4].

JH: Cinco días después de la masacre de la secundaria de Columbine, a petición de los líderes de jóvenes locales, Rich y yo fuimos anfitriones de una reunión privada de los líderes juveniles del área de Littleton. La reunión era cerrada (sin medios de comunicación ni gente de afuera), ya que los líderes juveniles estaban exhaustos de las intervenciones en una crisis sin fin. Littleton estaba lleno de reporteros y personas de fuera de la cuidad, presumiblemente bien intencionada, que estaban empezando a ministrar dentro de la comunidad, lo quisieran o no.

Mi trabajo era ayudar a crear un lugar seguro para que los líderes juveniles compartieran historias acerca de cómo Dios estaba mostrándose en medio del miedo y el dolor. El trabajo de Rich era llevar el mensaje de este capítulo. Cuando él empezó diciendo que una característica de la gente que ayuda es el *humor*, hubo una silenciosa pausa, un breve suspenso, lo que me pareció como una suave ola de gracia entre la gente reunida. Se sintió como si el cuarto completo se relajara un poco. Los hombros tensionados se aflojaron y las personas tomaron el primer respiro sin restricciones en días.

Rich no trató de ser divertido, solo abrió la puerta a la posibilidad de que esta gente pudiera volver a sonreír pronto. Y reímos juntos, tal vez no a carcajadas, pero de un modo natural y generoso, como personas que viven bajo la misericordia de Dios.

Empatía

Un letrero en la oficina de la enfermera en un campamento decía: «Empatía es sentir tu dolor en mi corazón». No está mal. Los jóvenes en crisis se acercan a las personas que dan la sensación de *comprender* lo que están atravesando. No nos haría daño a los padres recordar nuestras experiencias de la adolescencia (bueno, tal vez dolería un poco, pero ese es el punto). Recordar nos ayuda a identificarnos con los conflictos de nuestros jóvenes cuando ellos los enfrentan.

Dicho lo anterior, hay una gran diferencia entre sentir empatía y la arrogancia de decir: «Sé *exactamente* lo que estás sintiendo. Cuando yo tenía tu edad...». El padre que siente empatía se calla la boca y dedica un tiempo a escuchar mientras el joven cuenta su historia. La empatía es el corazón de la comprensión.

En el libro *Living Through Personal Crisis* [Viviendo a través de las crisis personales], Ann Kaiser Steams observa que la persona con empatía:

- No se escandaliza fácilmente, sino acepta los sentimientos humanos como lo que son.
- No se avergüenza por las lágrimas.
- No brinda a menudo consejos no deseados.
- Es cálida y apropiadamente afectuosa.
- Te recuerda tus fortalezas cuando olvidaste que las tienes.
- Reconoce que el crecimiento es un proceso.

- Confía en que eres capaz de atravesar los tiempos difíciles.
- Te trata como un adulto capaz de tomar buenas decisiones.
- Reconoce que también es un ser humano y comparte esa humanidad.
- Puede volverse impaciente a veces, o mostrarse enojada, pero nunca ataca tu carácter cuando te lo está diciendo.
- No teme preguntarte acerca de tus sentimientos de derrota.
- Respeta tu valor y tu sentido de la determinación.
- Entiende que el duelo no es una enfermedad.
- Pasa por tiempos problemáticos y puede decírtelo sin convertirse en el centro de la conversación.
- Quizás no se sienta cómodo con un sentimiento que estás expresando, como el odio o un deseo sexual en particular, pero intenta comprender lo que ese sentimiento significa para ti.
- Te dice con honestidad cuándo es incapaz de estar contigo por necesidades o asuntos personales.
- Permanece fiel a los compromisos y promesas[5].

Disponibilidad

RVP: Mi hermana Ruthann se encontraba en labor de parto en Pittsburg, mientras yo estaba esperando en Denver a que el teléfono sonara con noticias de su alumbramiento. Me imaginaba una y otra vez lo que mi cuñado diría cuando llamara: «¡Hola, Rich, soy Dan! ¡Ya eres tío!».

La llamada de Dan no fue ni remotamente así de alegre. «Ruthie está bien», dijo, «pero el bebé murió durante el parto».

Todos estaban consternados. Mi primera reacción fue llamar a la agencia de viajes para conseguir un asiento en el primer vuelo a Pittsburg. Mirando hacia atrás, desearía haberme dejado guiar por ese primer instinto. Años después, mi hermana me confesó que a pesar de lo mucho que apreciaba mis llamadas, tarjetas y flores, lo que en realidad quería era que su hermano mayor estuviera con ella durante ese tiempo increíblemente difícil. Una cosa es decir que algo nos importa, pero nuestra presencia lo grita tan fuerte que es difícil que no sea notorio.

Cuando una crisis estalla, recoge a tu hija en el colegio y bríndale toda tu atención. Te puedes preocupar luego por lo que estás dejando de hacer o el dinero que estás dejando de ganarte. Para muchos jóvenes, nada indica que te preocupas por ellos como quitarte tiempo de tu trabajo.

Enfoque emocional

La presencia física demuestra nuestro interés, pero no es suficiente por sí misma. Debemos estar *emocionalmente* presentes también, ya que todos sabemos que es posible por completo estar físicamente presentes, pero carecer de enfoque emocional.

Luego de que su padre aceptara el reto de ser un mejor oyente, una jovencita de secundaria reportó que al llegar a casa encontró a su papá en la sala leyendo el periódico y mirando televisión. Mientras ella pasaba por detrás de su enorme butaca, él murmuró: «Entonces, ¿cómo estuvo tu día, cariño?». No es que ella no apreciara el gesto, pero señaló: «Si mi papá en realidad quisiera saber cómo estuvo mi día, ¿porqué no apaga la televisión, baja el periódico, me mira a los ojos y luego me pregunta?».

Está bien, tal vez ella *no* apreció el gesto. Puede ser que llegara a especular que quizás él no era capaz de hacer dos cosas al mismo tiempo —ver televisión y leer el periódico— sin hablar de escucharla en verdad a ella también. La chica tenía muy poco (por no decir *ningún*) interés en convertirse en el tema de una tarea designada a hacer sentir mejor a su papá con respecto a sus habilidades paternales. No a menos de que él en efecto estuviera personalmente comprometido. Ella quería saber por su postura que él estaba interesado de un modo genuino en su día.

A nuestro amigo Mike Yaconelli le gustaba decir que el don espiritual de los adolescentes es *la detección de mentiras*.

Tanto como ellos anhelan conexiones auténticas, los jóvenes resienten (y rechazan) las técnicas de manipulación. No puedes salirte con la tuya con falsos intereses solo para salir del paso. No por mucho tiempo.

Alcanzable

Ser *accesibles* no es lo mismo que ser *alcanzables*. Conocemos a muchos padres que se enorgullecen de ser accesibles a los adolescentes. Ellos pasan mucho tiempo en el colegio y hacen salidas sociales sin aprender casi nada acerca de las heridas profundas, los miedos y los tiempos difíciles que los jóvenes enfrentan. Estas personas son físicamente accesibles, pero emocionalmente inalcanzables.

Los padres que son alcanzables:

- Valoran la importancia de cada persona y comunican esos sentimientos a través de sus palabras y acciones.
- Nunca avergüenzan adrede a nadie frente a otros.
- Evitan decir o incluso escuchar chistes racistas o bromas acerca de los géneros o etnias.
- Nunca retan la identidad sexual de un joven, pero sí reprenden a aquellos que lo hacen.
- Evitan actividades competitivas que excluyen a personas que carecen de habilidades físicas.
- Pueden ser confiables para guardar un secreto.

Si alguna de estas características te suena incómodamente familiar, ponle un alto a tu mala conducta, repara los daños, pide una segunda oportunidad y esfuérzate por convertirte en una buena persona a la que tus hijos quieran aproximarse en una crisis.

Lleno de recursos

Las personas en crisis pueden sentirse como pasajeros en un tren fuera de control durante una noche sin luna. Se aferran a su querida vida mientras el tren gana velocidad en medio de la aterradora noche. Cada salto y curva les recuerda cuán totalmente fuera de control se sienten en ese momento. Pasado ese punto, los pasajeros piensan que van a morir, así que avanzan sombríos, deseando que todo acabe lo antes posible.

En una buena película de acción y aventura, este es el momento en que el héroe aparece, como un dios venido del más allá, transmitiendo nueva esperanza. Él dice: «¡Resistan, voy a ayudarlos a salir de aquí con vida!». Esto es lo que los adolescente desean que sus padreas hagan, y ya que no estamos al borde de la crisis, poseemos una perspectiva más clara y una capacidad mayor para identificar soluciones que aquellos atrapados en medio de la misma.

RVP: Un líder juvenil al que ayudaba a través de un momento difícil me dijo: «Cielos, haciendo esto por tanto tiempo, probablemente no existe nada con lo que no hayas lidiado». Reí en silencio y respondí que, justo cuando creía haberlo escuchado todo, algo nuevo aparecía. No obstante, mi amigo no estaba muy alejado de la verdad. Mi experiencia ayudando a estudiantes y familias en crisis hace que esté inusualmente lleno de recursos. No estoy presumiendo, solo digo que no me volví menos eficaz con el tiempo (a pesar de los veteranos que me recuerdan que la segunda palabra en líder juvenil es... bueno, puedes leerla por ti mismo).

¡Eres un adulto! Apóyate en tus experiencias de vida y lo que has aprendido de las crisis pasadas para ayudar a tus hijos hoy. Si eso implica revelar los fracasos que preferirías que tu hijo no supiera... ¡entonces hazlo! Deja que tu pasado sea un recurso para asegurar el futuro de tus hijos.

Conocimiento

Solo porque quien *eres* puede ser más importante que lo que *sabes*, eso no significa que lo que sabes no sea importante. Estás consciente de esto o de lo contrario no estuvieras leyendo este libro.

¿Qué más puedes hacer?

- ¿Estás acreditado con el curso de primeros auxilios? No es difícil, solo averigua.

- ¿Estás bastante actualizado en el desarrollo y los asuntos de los adolescentes? Descarga el libro virtual de Jim Hancock titulado *Raising Adults*[6] para mantenerte actualizado.
- ¿Pones atención a lo que está sucediendo entre los adolescentes en tu comunidad? La sección 5.2 incluye consejos de cómo puedes involucrar a otras personas en el bienestar de tus hijos.
- Las organizaciones y los ministerios para jóvenes, como por ejemplo nuestros amigos de Especialidades Juveniles, son anfitriones de actividades que ayudan a los líderes juveniles y los padres a entender a sus jóvenes.
- Las universidades, los colegios, las organizaciones, los hospitales y las asociaciones sin fines de lucro patrocinan talleres sobre los problemas de los adolescentes. Puedes asistir tú o algún amigo, incluso pueden turnarse para asistir a esta clase de actividades.

Espíritu de servicio

RVP: Escogí a un grupo de estudiantes para trabajar en Centro Siloé, un orfanato fundado por Tony Campolo en Haití, el país más pobre en el hemisferio occidental, conocido como una nación del cuarto mundo por su falta de recursos para sostenerse a sí misma.

Los estándares de vida en Haití son extremadamente diferentes a los que están acostumbrados los adolescentes estadounidenses. Las paredes de cemento y los pisos del orfanato estaban revestidos de lo que parecían ser años de mugre. La temperatura rondaba en los ochenta grados centígrados y la humedad seguramente era del noventa por ciento o más. El equipo de trabajo del orfanato determinó que nuestro grupo sería más útil si pasábamos la semana limpiando y desinfectando el lugar. No era un trabajo agradable, pero nuestro grupo pidió ser útil, no sentirnos cómodos.

Cuando la restauración del orfanato estuvo terminada, uno de los estudiantes de secundaria admitió sentirse aliviado de que no les hubieran pedido limpiar los sanitarios. Los receptáculos en cuestión eran tan toscos como una típica letrina en el bosque, pero el solo hecho de tener un baño dentro de las instalaciones, en esa parte de Haití, resultaba muy cómodo. Los cuarenta niños que vivían en el orfanato, más otros cuatrocientos que asistían a la escuela durante el día, agradecidamente usaban las instalaciones del baño de continuo. Nadie tenía que meter la cabeza por la puerta para saber lo que había ahí.

Así que, cuando Chris expresó su alivio, mi reacción inmediata fue asegurarle que nunca le hubiera pedido al grupo hacer algo tan desagradable. Sin embargo, él se quedó callado por un momento y luego respondió: «Sin embargo, ¿sabes qué? Te apuesto que si Jesús estuviera aquí, por ahí es por donde hubiera empezado». Tal vez por primera vez Chris y algunos de los demás del grupo entendimos qué es lo que en realidad significa ser un siervo. Los adolescentes de los Estados Unidos hicieron un excelente trabajo esa semana, pero a veces me pregunto si no les robé una oportunidad aun más grande de servir.

Tal vez la manera más convincente de mostrarles a tus hijos lo que es tener un espíritu de servicio (y que tú no eres solo su empleado o su vale de comida) es llevarlo contigo a servir a las personas que no pueden hacer nada para devolverte el favor. No sería un pensamiento irrazonable que tu hijo concluyera que tu voluntad para servir a los pobres, los enfermos, los ancianos y los desamparados puede traducirse en una voluntad para ayudarlo a atravesar una mala situación.

UNO ES SUFICIENTE

En una crisis, las relaciones realmente importan... más que cualquier otra cosa. Las intervenciones en las crisis y en especial las estrategias de prevención de las secciones 5.1 y 5.2 no están ni remotamente tan ligadas a la técnica experta como a *la alianza terapéutica*: la conexión genuina que establece un contexto para sobrevivir y superarse más allá de la crisis. Recuerda lo que Robert Venigna descubrió:

> Casi sin excepción, aquellos que sobreviven a una tragedia le dan crédito a *una persona* que estuvo a su lado, apoyándolos y dándoles un sentido de esperanza (énfasis añadido)[7].

Si eres igual que nosotros, puede ser que no lo tengas todo controlado. Al revisar las cualidades de los consejeros en tiempos de crisis que son eficaces —humor, empatía, disponibilidad, enfoque emocional, alcanzables, llenos de recursos, conocimiento y espíritu de servicio— es posible que sientas que tienes solo un par de estos atributos, incluso que no los posees en la magnitud que quisieras. Ante esto te decimos: Siempre hay lugar para el crecimiento, pero no subestimes lo que aportas a la mesa en este momento. Amas a tus hijos. Puedes estar ahí para ellos, apoyándolos y dándoles un sentido de esperanza. Si saben que estás de su lado, eso solo puede ser determinante.

2.4 ESCUCHA **PROFUNDAMENTE**

No es sorpresa que los adolescentes necesitan ayuda... ¡son *adolescentes*! Esta es una forma de decir que son jóvenes, relativamente inexpertos y necesitan de una atención diaria básica. En ocasiones requieren de una ayuda más sofisticada con ciertos problemas complejos, ya sean físicos, intelectuales, emocionales y espirituales. Es por eso que se requiere de todo un pueblo para educar a un niño.

La capacidad de un adulto —padre, maestro, pastor, terapeuta, doctor— depende de poner atención. Tal cosa significa tomarse el tiempo para hacer preguntas y escuchar hasta que entendamos lo que en verdad nuestros hijos están diciendo.

Dada la proporción de personas dispuestas a oír en el mundo, escuchar es un don sorprendentemente raro entre la gente que afirma preocuparse por los demás. Al escribir esto, aún no hay ningún dato confiable de cuánto tiempo los padres y los adolescentes dedican a sostener conversaciones significativas, pero el sentido común nos dice que *no mucho, ni remotamente el suficiente*. Escuchar requiere tiempo. Un buen oyente paga el precio. Y muchas familias simplemente no quieren o no pueden pagarlo.

> **RVP:** Fui profesor adjunto del ministerio de jóvenes y familias en el seminario de Denver por más de una década. Un día, le pedí a los alumnos que hablaran acerca de la persona de mayor influencia en su vida y por qué era tan importante. En medio de la descripción de su padre, una estudiante paró de hablar, organizó sus pensamientos, me miró directo a los ojos y dijo: «Lo siento, Rich, pero me estás poniendo muy nerviosa».

Obviamente me sentí desconcertado y preocupado de que algo en mi comportamiento la hiciera sentir incómoda. Así que me disculpé.

«¡Oh no! ¡No es tu culpa! Es solo que no estoy acostumbrada a que alguien me escuche de verdad», señaló.

Algunos jóvenes nunca disfrutan la experiencia de ser realmente escuchados por un padre que busca el tiempo, la energía y el enfoque que se requiere para en verdad entender. El psiquiatra y exitoso escritor M. Scout Peck lo dijo muy bien:

La forma principal que toma la tarea de amar es la atención. Cuando amamos a otra persona, le damos nuestra atención; estamos atentos a su crecimiento. Cuando nos amamos, nos fijamos en el crecimiento propio. Cuando estamos atentos a alguien, cuidamos a esa persona. La acción de ocuparse de alguien requiere que pongamos a un lado nuestras preocupaciones existentes [...] y de forma activa cambiemos nuestra conciencia. La atención es un acto de la voluntad, un esfuerzo contra la inercia de nuestras mentes[1].

JH: A Rich constantemente le piden que lidere talleres acerca de «Cómo hablar de manera que los jóvenes escuchen». Me pregunto si el tema más importante a dominar no debiera ser «Cómo escuchar de manera que los jóvenes hablen».

CÓMO HACERLO

Estos son cinco elementos claves para escuchar profundamente:

Desempaca tu propia maleta

Cualquier momento en el que te descubras pensando: «Cuando yo era joven...» es un buen momento para revisar tu realidad.

¿Qué equipaje —útil e inútil— cargas desde esos días? Lo que mantienes contigo dice mucho acerca de quién crees que eres y lo que piensas que estás haciendo como padre.

El acceso a lo que hay en tu equipaje en cualquier momento afecta el estilo y la esencia de tu tarea como padre, en especial tu capacidad como oyente. Desempaca tu equipaje y observa cómo el contenido moldea tus habilidades para escuchar.

HISTORIA DE LA VIDA. Quién eres como resultado de un cúmulo de experiencias en la vida puede mejorar o inhibir tu capacidad para escuchar. Si creciste en un sistema familiar de alcoholismo y nunca obtuviste ayuda para manejar los problemas de abandono y rencor, podrías encontrarte emocionalmente abrumado cuando alguien te pida que escuches una historia que suena bastante similar a la tuya. Al igual que si eres un sobreviviente del abuso sexual durante la niñez y recibiste ayuda para manejar la multitud de problemas que implican la recuperación de este trauma. Tu historia afecta mucho la forma en que escuchas la historia de tu hijo.

EDAD. No tiene caso pretender que eres menor o mayor de lo que realmente eres. Eso es solo una distracción que ocasiona que los padres se presten demasiada atención a sí mismos y muy poca a los hijos que deben cuidar.

IDIOMA. El nivel de vocabulario compartido entre tu hijo y tú es determinante a la hora de establecer cuántas preguntas deberás hacer con el objetivo de entender.

SEXO. La socialización de los chicos y las chicas en cualquier cultura influencia el modo en que los hombres y las mujeres aprender a escuchar los mensajes hablados y a percibir la comunicación no verbal. No subestimes esa influencia cuando escuches.

EDUCACIÓN. Si estudiaste sobre el desarrollo temprano de la niñez, escucharás de manera diferente a como lo harías si solo hubieras estudiado ingeniería.

AMBIENTE FÍSICO. Aun si tienes la tendencia a ser un oyente que pone atención, un salón que es ruidoso, caliente, frío o que está lleno puede representar un ambiente difícil para hacerlo bien. Si te distraes con facilidad, es de especial importancia que controles apropiadamente el ambiente a fin de escuchar.

CONDICIÓN PERSONAL. Vale la pena tomar en cuenta factores como la fatiga, una enfermedad o los problemas personales sin resolver, de modo que puedas enfocarte en escuchar.

SENTIMIENTOS PERSONALES. No trates de negarlo: los sentimientos positivos o negativos con relación al hijo o la hija que estás escuchando afectarán la calidad de tu manera de escuchar.

Escucha con atención

RVP: Tengo una amiga que debe ser una de las oyentes más naturalmente dotadas del planeta. Nunca estudió comportamiento humano o tomó clases de psicología o consejería en la universidad, pero conozco a pocas personas con la capacidad de Lindy para ayudar a otros a avanzar con rapidez hasta entablar una conversación de corazón a corazón.

He tenido el privilegio de disfrutar en lo personal de sus habilidades como oyente. También la he observado usar sus destrezas para escuchar a otros en un esfuerzo por mejorar mis propias habilidades. Sin embargo, debo admitir que luego de una cuidadosa observación, he llegado a la conclusión de que su habilidad es más una función de quién es y no de lo que hace. Lindy ama a las personas y se preocupa por ellas. Las acepta como son. Debido a que lo que hace como oyente fluye de un modo muy natural de quién es como persona, las personas se sienten aceptadas y lo suficiente seguras para contarle quiénes son en verdad.

Los adolescentes necesitan adultos que los acepten tal como son. Los padres desataron en el mundo una plaga de jóvenes con esquizofrenia espiritual al enseñarles a aparentar que las cosas son mejores (o peores... o simplemente diferentes) de lo que son. En lugar de celebrar la maravilla de la individualidad de cada persona —tremenda y maravillosamente creada a la imagen de Dios— somos responsables de formar pequeños «autómatas» que viven en un mundo al que deben «hacerle creer», ya que sienten temor de que si sabemos quiénes son en verdad, cómo se sienten, qué creen y anhelan, los rechazaremos.

Un antiguo proverbio dice: «Los pensamientos humanos son aguas profundas; el que es inteligente los capta fácilmente»[2]. Los chicos que son golpeados por la vida, necesitan con desesperación padres que escuchen lo que están pensando y sintiendo sin ser juzgados.

JH: El juez en mí solía darle mucha importancia a por qué la gente se equivocaba. ¿Sería debido a su poco razonamiento? ¿Por compulsión? ¿Irresponsabilidad? ¿Inmadurez? ¿Debilidad? ¿Tal vez porque eran víctimas o perpetradores? A lo largo de los años he llegado a entender que los detalles de cómo la gente cae no producen mucho impacto en el resultado de su vida. ¿Ella saltó o la empujaron? ¿Acaso importa? Ella está lastimada. ¿Y ahora qué?

Los jóvenes quebrantados, sin importar cómo llegaron a estar así, necesitan ayuda para evaluar su condición, asignando las responsabilidades donde corresponden y trabajando hacia un estilo de vida que minimice la probabilidad de saltar o volver a ser empujados. Sin embargo, no es bueno hacer esa evaluación hasta que sean levantados de la acera *esta vez*. *Ahora* es cuando podemos ayudar al suspender los juicios y empezar a ofrecer aceptación.

Escucha a toda la persona con toda tu persona

Los jóvenes son expertos en notar el desinterés. Es por eso que los oyentes eficientes se esfuerzan en proyectar un tono de voz que invita, un contacto visual que conecta y una postura física relajada y atenta... todo esto enfocado a revelar más que a ocultar la historia detrás de su historia. Tu tarea es escuchar a la persona entera de tu hijo con toda tu persona.

Escuchar de un modo eficaz empieza con los oídos. Alguien con una gran comprensión de lo obvio señaló: «El hecho de que Dios nos diera dos oídos y una sola lengua debería ser nuestra primera pista». Lo mismo puede decirse sobre los dos ojos para observar de un modo profundo a la persona que se halla ante nosotros (con una sola lengua para decirle lo que oímos y vemos). ¿Qué pasaría si accedemos a actuar con una proporción de dos a uno (2:1), según la cual vemos y escuchamos dos veces más de lo que hablamos? Esto implica que podemos aprender a vivir sin el constante sonido de nuestras voces.

Hay una razón por la cual se nos hace tan fácil perder la concentración cuando estamos escuchando a otros. La mayoría de las personas procesa la información a razón de trescientas a quinientas palabras por minuto (la cantidad por lo general disminuye con la edad). Sin embargo, la mayoría de las personas *habla* un promedio de cien a doscientas palabras por minuto, lo cual significa que hay un serio exceso de capacidad del lado del que escucha en la transmisión. Y con el exceso de capacidad viene la tendencia a soñar despiertos, preocuparse, planear, hacer garabatos y —si no somos cuidadosos— perder el hilo de lo que la otra persona está diciendo. El solo hecho de estar conscientes de este fenómeno puede ayudarnos a ser más atentos.

No obstante, más allá de estar conscientes del reto yacen los elementos físicos de escuchar profundamente:

- Utiliza los ojos tanto como los oídos, observa las señales no verbales así como haces contacto visual.
- Vocaliza palabras que no interrumpan, anima y pide más información (ajá, claro, cuéntame más sobre eso, ah, dime qué crees que esto significa...).

- Inclinarse hacia la persona de vez en cuando para indicar una presencia intencional.

Esta puede ser una tarea difícil. Scott Peck indicó: «Escuchar bien es un ejercicio de la atención y puede implicar un duro trabajo. Esto es así porque las personas no se dan cuenta de ello o porque no están dispuestas a reconocer que mucha gente no es buena escuchando»[3].

La gente a veces dice una cosa con sus labios y una muy diferente con sus ojos. Incluso en la comunicación oral, mucho se sugiere más allá de las palabras por medio de la velocidad, la entonación, la modulación, la respiración, una vacilación, la desviación de la mirada, un zapateo, la inquietud, un meneo, el contacto visual, un movimiento de los pies, un apretón de mandíbula, los sollozos, un cruce de las piernas o los brazos, la flacidez, un giro rápido de los ojos, o una mirada fija al espacio. Olvídese de las cien o doscientas palabras por minuto. Una persona en aflicción puede hablar muy rápido, muy lento, o no decir nada.

Un amigo tenía a una chica en su grupo de secundaria que empezaba a mostrar señales de depresión y aislamiento, pero se rehusaba a admitir su lucha. Él pensaba que una de las maneras más buenas de aprender sobre los jóvenes es visitando sus casas. Así que él y su esposa se esforzaron por conseguir una invitación para cenar en la casa de la joven. Después de la comida, le pidieron que les mostrara la casa. Ella los llevó por todas partes, excepto a su habitación. Eso parecía bastante extraño. Así que mi amigo le pidió que completara la gira mostrándoles su cuarto. Notoriamente incómoda, ella los llevó hasta una puerta que necesitaba una llave. Dentro, encontraron un espacio decorado y amueblado para un bebé.

—¡Ah! Debiste malinterpretarnos... nosotros queríamos ver *tu* dormitorio —señaló él.

—Este es mi dormitorio —contestó ella.

La preocupación honesta de nuestro amigo fue tal que la muchacha le contó su historia. Meses antes, cuando ella dio la noticia de que estaba embarazada, sus padres le exigieron que se practicara un aborto. La llevaron fuera a una ciudad cercana esa misma noche y el procedimiento se realizó al día siguiente.

Ambos padres eran líderes de la comunidad cristiana y le advirtieron que mancharía el nombre de la familia si le contaba a alguien lo que había sucedido. Dos días después, ella volvió al colegio con una nota médica pidiendo que su ausencia fuera excusada debido a una gripe.

La habitación de la chica reflejaba su deseo de mantener al niño vivo. Este líder juvenil caminó un kilómetro extra —escuchando más allá de las palabras de la joven— para llegar a la historia detrás de la historia. Su anhelo de ver más allá de la versión depurada de la vida de esta chica fue el principio de una sanidad real para ella.

Escucha la historia detrás de la historia

Percibe el lamento del corazón de un joven en este poema anónimo.

Por favor, escucha lo que no estoy diciendo

Mi superficie puede ser lisa,
Pero mi superficie es mi máscara.
Mi máscara cambia y siempre oculta
Las mentiras del verdadero yo,
En confusión y temor,
En soledad.
Hablo ociosamente contigo con tonos suaves
Y una conversación superficial.
Y te digo todo lo que en realidad no es nada,
De lo que está llorando dentro de mí.
Así que, cuando estoy en medio de mi rutina,
Por favor, no te engañes por lo que estoy diciendo,
Y lo que me gustaría ser capaz de decir,
Pero que no puedo expresar.

Solo tú me puedes llamar a la vida,
Cada vez que eres amable y gentil y motivador.
Cada vez que tratas de entender, porque realmente te importa,
A mi corazón le empiezan a crecer alas,
Alas muy pequeñas, alas muy débiles, pero alas.
Con tu sensibilidad y simpatía

Y tus poderes de entendimiento,
Me puedes dar aliento de vida, quiero que lo sepas.
Quiero que sepas cuán importante eres para mí,
Cómo puedes ser tú el creador de la persona que soy si lo decides.

Por favor, decide serlo[4].

Un oyente hábil aprende a usar las preguntas para aclarar lo que fue dicho y la repetición a fin de confirmar que ambas partes están teniendo la misma conversación. Como oyentes profundos tenemos la responsabilidad de permanecer conectados hasta que lo que fue *dicho* y lo que *fue escuchado* sea lo mismo.

El escritor Paul Swets ofrece un modelo útil que llama **ACE** (Asistir, Clarificar y Evaluar):

ASISTIR. Asistimos a los jóvenes prestándoles una atención enfocada. Asistir implica la disciplina de escuchar con todo lo que somos para entender y procesar lo que dicen, cómo lo dicen, lo que resuelven no decir, y lo que encuentran doloroso explicar.

CLARIFICAR. Nuestro desafío es oír lo que se está diciendo... ni más, ni menos, ni ninguna otra cosa que lo que se dice. Eso requiere aclarar las declaraciones y hacer preguntas por parte del oyente. La frase clásica de consejería: «Lo que estoy escuchando que dices es...», constituye precisamente un esfuerzo por entender bien. La única manera de estar seguros de que oímos lo que se dijo o no es preguntando. (Habiendo dicho eso, es bueno aclarar que podemos emplear mal la frase. El gurú del aprendizaje, Stephen Glenn, solía decir en broma: «Si oigo que me dices una vez más: "Lo que estoy escuchando que dices es...", lo que me oirás decir entonces será: "Adiós"». Puede haber una frase mejor, tal vez: *¿Estás diciendo que...?* o *Déjame ver si te entiendo con claridad; parece que estás diciendo...*).

EVALUAR. Este es el paso de acción. ¿Cómo deberías responder a lo que escuchas? Swets dice que tenemos varias opciones:

- Pedir más información.
- Permanecer silencioso.
- Expresar nuestros sentimientos.
- Declarar nuestras opiniones[5].

Cualquiera que escojamos, el punto es seguir escuchando hasta que hayamos entendido.

Escucha con la ayuda de Dios

Hemos insinuado esto sin decirlo: Ambos (Jim y Rich) creemos que precisamos de la ayuda de Dios para poner a un lado nuestros pensamientos y prestarle atención a las necesidades de los demás. Nos gustaría decir que no nos enfocamos tanto en nosotros mismos, pero ahí lo tienen. Así que en el espíritu de tratar de *orar sin cesar*, tenemos el hábito de hablarle a Dios mientras escuchamos a otros: *¿Qué quieres que escuche? ¿Qué quieres que entienda? ¿Qué quieres lograr con esta conversación?*

Hebreos 13:20-21 afirma:

> El Dios que da la paz levantó de entre los muertos al gran Pastor de las ovejas, a nuestro Señor Jesús, por la sangre del pacto eterno. Que él los capacite en todo lo bueno para hacer su voluntad. Y que, por medio de Jesucristo, Dios cumpla en nosotros lo que le agrada. A él sea la gloria por los siglos de los siglos. Amén.

En realidad estamos equipados con «todo lo bueno» para hacer la voluntad de Dios. El Dios que nos llama a *ir al lado* de nuestros hijos en dolor así como él va a nuestro lado, nos *equipará* y *obrará* en nosotros como le agrade.

Estamos convencidos de que no somos llamados porque estemos calificados. Creemos que Dios nos hará calificados para cumplir lo que él nos ha llamado a hacer.

3.0

OBTÉN AYUDA
CUANDO LA NECESITES

Repite con nosotros: *No se trata de mí; no se trata de mí; no se trata de mí...*

El impulso a controlar la crisis es comprensible... pero engañoso. Ser la persona correcta para comenzar una intervención no necesariamente significa que seas la persona correcta para llevar el asunto a su culminación. Necesitarás estar allí al final, pero quizás no estés a cargo... con lo cual queremos dar a entender que quizás NO estés a cargo. Si tan solo pudieras involucrarte y repararlo, no sería una crisis. Por favor, no pienses que puedes controlar el camino hacia la recuperación de la crisis por tu adolescente.

No es nada personal; no eres un médico o un consejero profesional, solo eres un padre de familia. Un plan de acción eficaz transfiere apropiadamente las responsabilidades y el crédito a la persona en crisis: tu hijo. A lo largo del camino, mantente preparado para pedir la ayuda de personas que puedan asistir a tu hijo en maneras que tú no puedes hacerlo.

Dilo de nuevo: *No se trata de mí; no se trata de mí; no se trata de mí...*

3.1 PIDE **REFUERZOS**

Nadie es capaz de *saberlo todo, amarlo todo* y *sanarlo todo*. Los padres eficaces se dan cuenta de esto tarde o temprano, ya que encuentran situaciones que requieren más profundidad o entendimiento de lo que su entrenamiento y experiencia puedan proveer; o es posible que se necesiten las mismas habilidades, solo que realizadas por otra persona. Respira profundo y repite: *No se trata de mí, no se trata de mí, no se trata de mí.*

Tomar la decisión de pedir ayuda no es admitir una debilidad. Es una señal de fortaleza, una declaración de que estás comprometido a lograr que tus hijos encuentren la ayuda que necesitan, cualquiera sea la fuente de donde provenga.

Cuando pidas ayuda, haz tu mayor esfuerzo para ser *responsable, puntual* y *realista*.

SÉ RESPONSABLE

Encuentra a una persona o agencia que esté mejor posicionada que tú para manejar el problema identificado (o que ayude a identificar cuál es el problema). Los jóvenes pueden sentirse abandonados cuando buscas ayuda de afuera, así que haz todos los esfuerzos posibles para asegurarles que estarás ahí para ellos, aun cuando creas que alguien más está mejor posicionado para ayudar en la presente situación. Hazle saber que el pedido de ayuda no está restando, está *sumando*.

Pregúntale a alguien que sepa

Nosotros les enseñamos a los líderes juveniles a desarrollar una red de crisis de terapeutas acreditados, especialistas, agentes y programas a los cuales pueden dirigir a las familias. Probablemente no necesitas tener una lista como esta, pero debes conocer a alguien que sí la tenga. Busca en tu comunidad a un líder juvenil que en realidad haga su trabajo. Si ese líder juvenil ha cumplido su tarea, él o ella hará por lo menos estas dos cosas:

- Averiguar sobre la cobertura de tu seguro de salud y otras fuentes financieras para no recomendar algo que simplemente no está disponible. Algunos terapeutas y profesionales ofrecen una escala flexible que determina el costo de los servicios según el monto del salario, el número de hijos en casa y ciertas circunstancias atenuantes. Este líder juvenil sabrá quién está en la posición de trabajar con familias que no están aseguradas.

- Tratar de sugerir a más de un terapeuta o programa para que las personas o familias puedan elegir. Cuando eso no es posible (y si vives en un pueblo pequeño casi nunca lo será), espera que este líder describa su recomendación como el mejor recurso que conoce localmente, en lugar de decir que son «los mejores del país, y que me maten si no es así». Decimos esto para recalcar que alguien que hace una recomendación debe tener cuidado de mostrar una exhuberancia irracional.

JH: Esta tarde recibí la llamada de un amigo, el cual tiene una hermana que está en problemas en una ciudad donde ninguno de nosotros vive. Así que llamé a un líder juvenil de esa ciudad, le expuse la situación general, y le pedí recomendaciones. Él estaba lejos de su oficina, pero mañana en la mañana me enviará por correo las descripciones y la información de contacto de cuatro individuos de su lista de referidos, lo cual trasmitiré con mucha confianza, porque a pesar de que no conozco a ningún profesional que ayude a las personas en esa ciudad, alguien en quien confío sí los conoce. (En realidad, este líder juvenil usó la misma lista para referir a una familia de su iglesia la otra noche). Esa es la forma en que se supone que esto funciona.

No asumas nada

A menos que enfrentes una emergencia médica y tengas que aceptar la primera ayuda disponible, dedica un poco de tiempo a evaluar si determinado profesional es la persona correcta para ayudar a tu hijo. Una certificación profesional (M.A., M.S.W., M.D., Ph.D., etc.) y una licencia para practicar son atributos prometedores que en realidad solo te garantizan que la persona pasó los exámenes y cumplió con los requerimientos de la licencia. Estas no son cosas pequeñas, pero no te aseguran la calidad. Tal cosa es parte de lo que estábamos hablando en cuanto a la preocupación de las *alianzas terapéuticas* en la sección 2.3.

Resulta inusual, pero perfectamente aceptable, solicitar una conversación corta antes de programar una cita. No esperes tener más que una conversación corta. En lugar de eso, haz un par de preguntas generales sobre el método que emplea la persona (o el programa) con los adolescentes en crisis y acerca de su experiencia con los jóvenes que tienen la clase de problema que crees que tu hijo enfrenta. Un chico que lucha contra la adicción a la cocaína no pertenece a un programa que se especializa en alcoholismo. Un terapeuta que se especializa en problemas geriátricos probablemente no es la mejor opción para ayudar a un adolescente con desórdenes alimenticios.

Sé breve. Si el terapeuta (o quien sea) te hace preguntas, contesta de forma breve y sincera. Está bien preguntar acerca de la perspectiva de fe de un terapeuta, pero no te desalientes si la respuesta no suena como la que esperarías de un pastor. Algunos terapeutas no aceptan hablar acerca de su fe con los clientes, ya que el problema que enfrentan no tiene que ver con la fe que profesan, y ciertamente no se relaciona con su teología personal. (En lo que se relaciona con la fe de un paciente, ellos tienen más tendencia a hacer las preguntas en lugar de asumir una postura). Lo importante que debes saber en tu conversación de presentación es si la persona parece que va a menospreciar o no la fe de tu hijo.

Esta es una prueba de instinto. Terminarás la conversación con un grado de confianza en algún lugar entre cero y diez, donde cero es igual a: *No hay otra opción más que confiarle mi hijo a este tonto.* Esto no significa que te sentirás bien en cuanto a lo apropiado de la conexión, pero al menos no estarás volando completamente a ciegas.

Pregúntate:

- ¿Parecía esta persona saber de lo que estaba hablando?
- ¿Le importan al parecer los adolescentes?
- ¿Se conectó conmigo con franqueza o trató de intimidarme o engañarme?
- ¿Me sentiría cómodo presentándola a alguien que me quiere y cree en mí?

Luego actúa. No esperes por una garantía de absoluta certeza (no existe tal cosa). Ejercita tu mejor juicio y manos a la obra.

SÉ PUNTUAL

Pide refuerzos...

- Tan pronto como sientas que una situación está más allá de tus capacidades.
- Tan pronto como creas que un tratamiento especializado puede justificarse.
- Tan pronto como creas que la persona a la que estás ayudando puede ser peligrosa para sí misma o los demás.

Tienes que estar preparado para la posibilidad de que tu hijo se resista a la ayuda de alguien extraño... tal vez mintiendo o empleando otras formas de sabotaje. Ese tipo de resistencia puede estar a menudo basado en un miedo fundamental: *¡Si necesito ver a un terapeuta, seguramente es porque estoy loco!* La imagen de un paciente tendido en el sofá, contándole sus problemas a un terapeuta que está aburrido y también un poco loco, es suficiente para que los adolescentes se sientan al borde del abismo. Los adolescentes, como la mayoría de nosotros, no quieren que nadie juegue con sus cabezas. Por eso es importante saber todo cuanto sea posible acerca de aquellos a los que referirás a tus hijos. (Recuerda: *Sumar*, no restar).

Si crees que hay una relación negativa entre el terapeuta y tu hijo, no temas en considerar a un consejero diferente, pero tampoco vayas de terapeuta en terapeuta. Trata de darle cierto margen de tiempo para que el profesional desarrolle una conexión positiva con tu hijo.

SÉ REALISTA

RVP: Recibí una llamada de un colega del ministerio juvenil buscando un lugar para el tratamiento adecuado de un joven de su grupo. Le pregunté un poco acerca de la historia del chico y su situación actual a fin de no partir de cero y hacer una recomendación apropiada. Me pareció que un lugar fuera del estado en el bosque ofrecía exactamente lo que él necesitaba, ya que encajaba perfectamente con su amor por la naturaleza. Accedí a hablar con la mamá del muchacho y comentarle lo que sabía acerca del programa. Tuvimos una excelente conversación. Mientras más le hablaba acerca del programa, más se emocionaba. Parecía que todo ajustaba perfectamente.

Desafortunadamente, asumí algo. Ya que había visitado la iglesia de esta familia y tenía un buen presentimiento en cuanto al nivel socioeconómico de su comunidad, pensé que no tendría ningún problema con el seguro. Estaba equivocado. El padre del muchacho llevaba más de un año sin trabajar y la familia no tenía cobertura médica. Sin un seguro, el programa que les estaba recomendando les costaría mil dólares diarios, mucho más de lo que podían costear. Debido a mi ingenuo entusiasmo, tuve que darle una gran desilusión a la madre. Nuestra conversación cambió de considerar unas instalaciones para tratamiento de categoría mundial a analizar múltiples ideas de programas basados en la comunidad. De verdad desearía poder empezar ese caso desde el inicio otra vez.

Cuando sabes que necesitas ayuda, el primer paso es investigar acerca de tus recursos económicos. No importa cuántos programas exitosos existan en tu comunidad si el costo es más alto de lo que tu familia puede pagar. Si estás asegurado, busca los límites de tu cobertura. Analiza tus opciones para que puedas decidir algo bueno.

Muchas iglesias ofrecen servicios de consejería pastoral, y algunas tienen una escala completa de programas en la comunidad. Los servicios se ofrecen comúnmente de manera gratuita a los miembros, o las tarifas son determinadas basándose en la capacidad de pago. Otras iglesias y agencias de ayuda pueden proveer asistencia financiera para que individuos o familias en necesidad puedan recibir consejería profesional. Hay una muy buena probabilidad de que tu líder sepa acerca de estos recursos o pueda averiguarlos.

Cualquiera sea el caso (y desearíamos que no fuera necesario decir esto), las familias deberían siempre tener un entendimiento claro de los costos y hacer los arreglos necesarios para el pago antes de que se inicie el tratamiento.

3.2 DESARROLLA UN
PLAN DE ACCIÓN

En un día realmente bueno, la intervención en una crisis identifica un problema y lo soluciona de forma permanente. Otros días, el éxito se mide por la disminución del impacto de algo que no puede arreglarse, por ejemplo, cuando desarrollamos estrategias para lidiar con una enfermedad terminal. La mayoría de los días los padres conocen la diferencia entre la resolución permanente y hacer lo mejor llevadera una situación difícil.

Lo que es común en todos los niveles es la necesidad de ayudar a los adolescentes a desarrollar un curso de acción *que puedan seguir*. El énfasis es importante porque los jóvenes actúan en su propio nombre, de lo contrario solo hemos pospuesto el problema para otro día. Los padres que toman las decisiones en una crisis no ayudan a sus hijos a aprender a identificar y trabajar con situaciones similares en el futuro. Eso es *rescatar* en lugar de *ir al lado*. Existen pocos casos en los que un adolescente debe ser persuadido a renunciar a su autodeterminación, ya que está peligrosamente fuera de control, pero esas son circunstancias excepcionales. La intervención eficaz en las crisis siempre busca restablecer el equilibrio que al final guía a la responsabilidad personal y la conducta apropiada.

Los padres que trabajan *con* su hijo para desarrollar un plan de acción hacen agujeros en la oscuridad, permitiendo la entrada de suficiente luz para que el joven en crisis pueda ver una manera de salir. Ya que muchos jóvenes no tienen mucha experiencia en cuanto a la planificación, los padres deber guiar el proceso sin apoderarse del plan. Al final del día, los chicos necesitan desarrollar un plan de acción que renovará el balance que perdieron. Es su obligación hacerlo, porque así deberán vivir con las decisiones que hicieron.

En *People in Crisis: Understanding and Helping* [Personas en Crisis: Entender y Ayudar], Lee Ana Hoff provee un modelo útil para evaluar la efectividad potencial de un plan de acción. Un plan bueno debe ser:

- Orientado al problema.
- Apropiado al nivel funcional de la persona y las necesidades de dependencia.
- Conforme a la cultura y el estilo de vida de la persona.
- Incluyente con el círculo social de los allegados.
- Realista, concreto y con tiempo limitado.
- Dinámico y renegociable.
- Uno que comprenda un seguimiento[1].

ORIENTADO AL PROBLEMA. Un buen plan de acción no trata de hacer todo de un solo golpe. Al contrario, se enfoca y se limita al problema identificado. El objetivo inmediato es diseñar un plan que restablezca el equilibrio; por consiguiente, el plan es específico y limitado.

APROPIADO AL NIVEL FUNCIONAL DE LA PERSONA Y LAS NECESIDADES DE DEPENDENCIA. Los adolescentes funcionan en una variedad de niveles emocionales, intelectuales, físicos y espirituales que pueden no coexistir en equilibrio. (Por ejemplo, una persona puede ser físicamente madura, pero emocionalmente inmadura; o es posible que sea sofisticada en lo relacionado con lo intelectual, pero ingenua en lo espiritual). Si se te ha olvidado lo que es ser un adolescente, este es el momento de recordarlo. Un plan exitoso para lidiar con la crisis está marcado por un conocimiento del nivel funcional de los que harán el trabajo. Esperar lo mejor de los adolescentes nunca debe traducirse en esperar más de lo que ellos puedan dar, eso solo frustra a los involucrados.

CONFORME A LA CULTURA Y EL ESTILO DE VIDA DE LA PERSONA. Los padres efectivos por lo general están al menos conscientes de la cultura juvenil en la cual viven sus hijos, y son sensibles a los desafíos y oportunidades que se presentan en estas culturas. Si estamos conscientes de que la subcultura en la que nuestros hijos se mueven es parte del problema, esto será determinante a la hora de desarrollar un plan de acción, pero solo si creemos que la cultura puede proveer soluciones a la crisis. La cultura deportiva en la secundaria, por ejemplo, puede contribuir negativa o positivamente a un adolescente en crisis dependiendo del carácter de la cultura y la condición del joven. Todo esto es para decir que un plan de acción debe ser específico a la situación que se maneja.

INCLUYENTE CON EL CÍRCULO SOCIAL DE LOS ALLEGADOS. Los planes de acción efectivos entienden la necesidad que tenemos del apoyo y el ánimo de aquellos que nos importan. Esto es especialmente sensible para los jóvenes que creen que a nadie le importa si viven o mueren. Una carta dirigida a Ann Landers ilustra bien el punto.

Querida Ann Landers:

La semana pasada fui a un funeral. Fue extremadamente triste. Una niña de trece años se suicidó. «Sally» medía un metro con sesenta centímetros, era delgada, pequeña, rubia y buscaba con desesperación tener un sentido de pertenencia. Intentó ser porrista y no lo consiguió. En realidad, fracasó en el intento de ingresar a cada club en los que se inscribió. La niña se veía tan infeliz que mi corazón se dolía por ella. Hace unas semanas, Sally ganó en una rifa. El premio era un certificado de una pizzería que le daba derecho a invitar a cenar a catorce personas. Ella devolvió el premio, alegando que no tenía esa cantidad de amigos. En el funeral, me senté a observar a los compañeros de su escuela llegar en manadas. Conté más de cien de ellos en los cuarenta y cinco minutos que estuve ahí. Luego me enteré de que más de cien habían llegado y firmado el libro de condolencias[2].

La persona que dijo: «Los amigos le dan la vitalidad a la adolescencia» tenía razón. Cuando los tiempos son difíciles y nos preguntamos cómo seguir adelante, ¿quién no aprecia las palabras de ánimo y la presencia física de las personas a las que llamamos amigos? Un buen plan encuentra la forma de reunir a las tropas alrededor del joven que sufre de una manera apropiada y auténtica.

Dicho esto, un plan efectivo también reconoce que el círculo social de los adolescentes puede ser un factor negativo —incluso primario— en la crisis. Un joven que lucha con su dependencia a las drogas tendrá dificultad para dejar el hábito mientras se siga relacionando con amigos que son consumidores también.

REALISTA, CONCRETO Y CON TIEMPO LIMITADO. ¿Cómo puede ser bueno un plan que no está basado en la realidad? Hacer que un plan se vea bien por escrito no garantizará su éxito. ¿Por qué hacer surgir falsas esperanzas y crear expectativas que no podrán ser realizadas? Es importante considerar las posibilidades y las limitaciones del plan para que la meta establecida sea realizable en un tiempo prudente.

Llegar a un acuerdo en cuanto a un cronograma es una manera efectiva de motivar a los jóvenes a actuar. Un plan que no tiene fechas a las cuales atenerse es más una noción que un plan. Un cronograma garantiza que ambas partes estén rindiéndose cuentas de la participación mutua.

Asegúrate de que el plan es concreto, es decir, específico y fácilmente entendible. Por ejemplo, si la familia establece que aprender a cooperar será una de sus metas, ayuda a tu hijo a traducir la confusa frase de «aprender a cooperar» en algo más concreto y medible, como «aprender a escucharse con respeto unos a otros» y «aprender a encontrar soluciones en las que todos ganen cuando estamos en desacuerdo».

DINÁMICO Y RENEGOCIABLE. La vida no es estática. Así como la gente y las situaciones cambian, el plan de acción puede llegar a necesitar una actualización o un reemplazo con un nuevo cronograma. Sintámonos felices por esto: A veces las personas «lo logran» más rápido de lo que se creía posible. Si esto ocurre, ayúdales a adelantarse en el plan, siempre y cuando todos estén seguros de que se trata de un progreso legítimo y no de un truco.

QUE COMPRENDA UN SEGUIMIENTO. El seguimiento es importante por varias razones. Si ayudas a tu hijo a desarrollar un plan de acción responsable, es importante evaluar el proceso, señalar las debilidades y celebrar el éxito. Puedes dar la idea de que existe un compromiso continuo hacia la relación al incluir visitas de seguimiento en el plan.

TRABAJA EN EL PLAN

Si la meta final de las intervenciones en las crisis es la resolución de la crisis inmediata o una disminución del impacto de la misma, la efectividad del plan puede ser evaluada por el grado en que se mueven cada uno de los involucrados hacia la consecución de estos fines.

Es frustrante llevar a cabo el difícil trabajo de ayudar a construir un plan para solo verlos sabotear la estrategia o fallar en el simple intento. Aquí se presentan algunas de las razones más comunes por las cuales los adolescentes fallan a la hora de hacer un seguimiento.

Falta de capacidad

Las crisis abruman a los jóvenes produciendo un corto circuito en el funcionamiento normal de sus capacidades. Un joven brillante y capaz puede tener muy buenas intenciones, pero se encuentra emocional o psicológicamente incapacitado. Aquí es donde el exceso de capacidad generado por tu edad y tu experiencia será necesario. Sin embargo, si tú también estás rendido, es hora de pedir ayuda.

Miedo a lo desconocido

Un adolescente puede seguir haciendo las cosas equivocadas si teme que actuar resultará en una pérdida de control más grande. Lo mismo ocurre en el caso de un niño abusado que es lo suficiente mayor como para saber lo que sucede y decírselo a alguien que lo pueda ayudar, pero se mantiene callado porque no sabe qué puede pasar si habla. «En boca cerrada no entran moscas», dice el refrán. Si crees que tu hijo está paralizado por el temor, tú puedes ser el que lo anime y le dé valor. De esta manera hará lo que tiene que hacer.

No hay deseo de cambio

Jesús una vez le preguntó a un hombre: «¿Quieres ser sano?»[3]. Es difícil imaginar por qué alguien tan inteligente como Jesús podría hacer una pregunta tan aparentemente ridícula. O tal vez él sabía que las personas a veces prefieren la enfermedad a la posibilidad (con su consecuente responsabilidad) de estar sanas. La pregunta es: *¿Por qué?*

No leas demasiado sobre esto, pero escucha las pistas tenues del lenguaje como las que dan aquellas personas que hablan de la tragedia en primera persona y empleando el pronombre posesivo: *mi violación, mi accidente, mi cáncer.* ¿Qué gana un adolescente yendo de un problema a otro o generando una sucesión de crisis? Llega al fondo de esto y habrás resuelto la mitad del problema.

Pertenencia

Tu plan de acción es interesante, pero no lo es necesariamente para tu hijo. El adolescente que puede diseñar su propio plan de acción está más dispuesto a comprometerse y darle seguimiento, y es menos probable que sabotee el proceso. Mientras mayor sea la inversión personal que tengan en el plan, mayor será la probabilidad de que trabajen para hacer que el mismo tenga éxito.

Falta de recursos

Implementar un plan de acción requiere de tiempo, atención y acceso a recursos de ayuda. ¿Qué puedes hacer para crear una zona neutral donde tus adolescentes encuentren lo que necesitan y hagan lo que tienen que hacer?

Disconformidad personal

Hay situaciones en las cuales un plan de acción requiere que los jóvenes salgan de su zona de comodidad. Pídele a tu hijo que evalúe los costos de antemano, mientras el plan se está escribiendo. Luego, solicítale que mantenga su palabra... y apoya y celebra sus esfuerzos por seguir adelante.

Aquí se presenta un esquema para identificar y ordenar los asuntos y opciones que conforman un plan de acción factible. (El mismo aparece de nuevo en el apéndice 6.1). Usa las partes relevantes de esta hoja mientras ayudas a tu adolescente a elaborar un plan que le permita moverse de donde está a donde necesita estar.

HOJA DE TRABAJO PARA EL PLAN DE ACCIÓN

I.   ¿Cuál es el problema identificado (más allá del problema presente)?

II. ¿Cuáles son los posibles resultados (ambos, negativos y positivos)?

   A.   ¿Cuál es el resultado más deseable?

   B.   ¿Qué pasos generales se requieren para moverse hacia ese resultado? (Regresa a pasos más específicos luego).

III. ¿Quiénes son los participantes activos, y cuál es su interés en el resultado?

IV. ¿Quiénes son los participantes pasivos, y cuál es su interés? (¿Y qué se puede esperar de cada uno?)

V. ¿Cuáles son los recursos y los obstáculos para llegar a la meta?

VI. ¿Quién más debería estar involucrado en la solución?

   A. ¿Familiares?

   B. ¿Referencias profesionales?

      1. ¿Doctor?

      2. ¿Siquiatra, psicólogo?

      3. ¿Trabajador social?

      4. ¿Fuerzas de seguridad?

      5. ¿Abogado?

      6. ¿Pastor?

      7. ¿Personal educativo?

      8. ¿Patrón o jefe?

      9. ¿Amigos?

VII. ¿Qué pasos específicos deben darse?

   A. ¿En qué orden?

   B. ¿Quién debería ser responsable de cada paso?

   C. ¿Quién debe proveer apoyo?

VIII. ¿Cuál es el cronograma?

IX. ¿Qué otros recursos son necesarios?

A. ¿Dinero?

B. ¿Transporte?

C. ¿Hospedaje temporal?

D. ¿Alimento?

E. ¿Otro?

X. ¿Quién proveerá apoyo continuo y sugerencias?

3.3 *INTERVENCIONES*

Alan I. Leshner, antiguo director del National Institute on Drug Abuse [Instituto Nacional del Abuso de Drogas], dice que la esencia de la adicción es «la búsqueda y el uso incontrolable y compulsivo de las drogas, aun frente a las consecuencias sociales y de salud negativas»[1].

Incontrolable... compulsivo... aun frente a las consecuencias sociales y de salud negativas... Esto evoca una frase del pastor Don Finto: «Aquello que siempre deseas más y más es tu dios»[2].

Existe un elemento de idolatría en la adicción. Dados los efectos químicos de las drogas en el cerebro, existe también un fuerte elemento de deseo en la búsqueda de la droga. Los adictos están dispuestos a dejar a padre, madre, hogar y amigos por la droga. Mentirán, engañarán y robarán por la misma. Y rendirán sus cuerpos ante la droga en un completo acto de adoración.

Todo esto es más fácil de ver si apartamos las reacciones químicas por un momento y nos enfocamos en las *conductas* adictivas. Los adictos sexuales y los codependientes no tienen síntomas fisiológicos como resultado de la abstinencia, pero ciertamente experimentan un poderoso sufrimiento emocional y espiritual que un alcohólico o un drogadicto podría reconocer.

Obtener la atención de una persona entregada tan a fondo a una sustancia o un hábito de conducta no es fácil. La mayoría de los adictos en realidad no contempla el hecho de abandonar las drogas hasta que son confrontados con la alta probabilidad de que tendrán que abandonar todo lo demás —familia, trabajo, hogar, autos, amistades, dignidad personal... todo— con tal de seguir usándolas. Al enfrentarse a esto, un adicto en realidad tiene que pensar en retirarse.

Existe una historia entre los círculos de adicción que dice que la recuperación promedio de un alcohólico (sin importar lo que «promedio» signifique) requiere de cincuenta y cuatro llamadas de atención antes de que finalmente admita que su vida está fuera de control y solo un poder superior a él puede restaurarlo a la cordura. No podemos decir si este es un número real o si solo se trata de una historia acerca de cuán difícil es para un adicto entender que las drogas no funcionan (porque al parecer lo hacen... justo hasta el momento en que dejan de consumirse) y cuán valioso es no rendirse (sin evidenciar codependencia, por supuesto) con una persona que puede encontrarse en la llamada de atención número cincuenta y tres.

INTERVENCIONES

Pondremos la palabra *intervenciones* en itálica aquí porque todo lo que haces en respuesta a una crisis es una intervención. Sin embargo, de lo que estamos hablando aquí es de un proceso bien definido que llegó a ser conocido como *intervenciones*.

Las *intervenciones* son diseñadas para abrirse paso a través de la negación de las personas que luchan (o no luchan lo suficiente) con las dependencias químicas y las conductas adictivas. *La negación* es como un parche de retazos elaborado a partir de excusas, adaptaciones, racionalizaciones y razones de por qué todo está funcionando mejor de lo que aparenta y son las personas que están preocupadas las que tienen el problema. Hasta que un usuario esté al borde de su necesidad, no podrá ser motivado a buscar ayuda. (*Usuario* tiene dos significados aquí, porque los adictos tienden a usar a los amigos, la familia, y hasta a completos extraños tanto como a las sustancias controladas).

Una intervención es un tiempo estructurando en el cual las personas cercanas al usuario le presentan datos objetivos para subrayar la severidad de la conducta que los está afectando.

He aquí algo importante: *Las intervenciones* le dicen al adicto cómo su conducta afecta no a su propia persona, sino a los demás (esto puede enfurecer a un adicto, así que prepárate). *Las intervenciones* cambian el enfoque del ego del usuario al impacto de su conducta sobre las personas que son importantes para él.

Las intervenciones deben incluir un mínimo de dos personas afectadas, y mientras más sean mejor, ya que existe seguridad en los números. Sin embargo, no deben ser demasiados. Si el usuario siente que estás exagerando, podría responder con una defensa necia (una cosa que quizás haga de todas formas). O podría simplemente no sincerarse, creyendo que se cansarán y le dejarán en paz si se comporta.

Las intervenciones efectivas se basan en una historia, no en un juicio. Un facilitador dentro del grupo puede ser un árbitro para asegurarse de que se mantengan en esa vía. No obstante, *las intervenciones* exitosas no son de ninguna manera tímidas a la hora de hablar de la vida del usuario con relatos personales específicos y detallados acerca de lo que su conducta le costó a cada persona en la habitación... ese es el punto. *Las intervenciones* no están acusando al usuario de ser egoísta; están demostrando por medio de historias cuán egoístamente se está comportando (posiblemente sin usar nunca la palabra *egoísta*).

Este es un camino difícil. Algunas veces la única cosa que mantiene a *una intervención* de salirse de control es el verdadero amor y la esperanza —aunque desvanezca— de que el usuario podría vivir en lugar de morir. La muerte prematura es el resultado a largo plazo de la adicción. (Revisa los años perdidos de vida potencial en la sección 4.18).

El facilitador puede ser un mediador al que se le pide ayuda o alguien del círculo de amigos. Su trabajo es asegurarse de que cada participante tenga amplia oportunidad de dar ejemplos específicos que demuestren los efectos negativos de la conducta del usuario en la vida real. Durante el proceso, los usuarios a menudo pueden enterarse por primera vez de algo que ocurrió tiempo atrás mientras estaban bajo la influencia, cómo otros los perciben en realidad, y de qué forma los amigos y la familia resultaron dañados por su conducta.

El trabajo del facilitador no necesita ser pesado o tan siquiera obvio. Hemos participado en *intervenciones* en las que la conversación fue dirigida de un modo tan sutil que un observador

pudo tener dificultad para decir quién era el facilitador. El facilitador puede animar a los participantes a describir las consecuencias que prevén que podrían ocurrir si la persona continúa
en ese estado.

Jefe: «Una vez más, y voy a despedirte».

Amigo: «Y perderás tu carro».

Padre: «Porque no me haré cargo de los pagos ni del seguro».

Amigo: «Tendrás que venderlo».

Padre: «Con pérdida, porque no podrás recuperar lo que
pagaste por el mismo».

Hermano: «¿Así que ella tendrá una deuda de un carro que
ni siquiera posee? ¡Qué mal!».

Pase lo que pase, el facilitador sigue sacando el tema ro-
deado de amor, preocupación comprometida, resolución firme
y esperanza.

No apresures una *intervención*, pero no dejes que continúe
por tiempo indefinido. Si está funcionando bien, el usuario
probablemente se sentirá exhausto antes de que a los que in-
tervienen se les agoten las cosas que decir. Y si no está funcionando, no tiene sentido continuar. Quizás llegue el momento
en el que el facilitador diga: «Creo que hicimos lo que podía-
mos por ahora». En tal punto, es bueno pedirle al usuario que
haga un resumen de lo que escuchó antes de terminar la reunión. Su respuesta puede abrir nuevamente el diálogo o simplemente confirmar lo que cada uno en la habitación sospecha:
es tiempo de reagruparse y planear otro acercamiento.

Si ese es el caso, asegúrate de que cada uno entiende que estás poniendo una coma en una frase sin terminar, no colocando
el punto final de la oración. No hay nada malo en fijar otra reunión aquí o allá. Si el usuario se encuentra todavía en la habitación, es porque está tratando de no causar más problemas o
quizás porque la verdad está comenzando a cobrar sentido.

El objetivo de una *intervención* es romper la negación y motivar al usuario a recibir ayuda. Los *interventores* deben tener una buena idea de cómo será esa ayuda cuando entren a la habitación. Este no es el momento para una lluvia de ideas. Si un consejero de salud mental o una clínica de desintoxicación son parte del plan, el padre o tutor debe saber qué está disponible, cuál será el costo, lo que se necesita para comenzar, y qué hacer durante las horas (o más seguro los días) antes de que el tratamiento comience.

Al evaluar la ayuda disponible, necesitas hallar respuesta a estas preguntas:

- ¿Se requiere de hospitalización para la desintoxicación o por otras razones?
- ¿Se precisa un especialista médico?
- ¿Qué nivel de participación de la familia se necesita en el proceso?
- ¿Es preferible internar al enfermo?
- ¿Puede el tratamiento comenzar de inmediato? Si no, ¿por qué es tan larga la lista de espera?
- ¿Cuál es la duración y el lugar del tratamiento?
- ¿Cuánto costará el tratamiento?
- ¿Qué costos, si los hay, serán cubiertos por el seguro?
- ¿Cuál es la tasa de éxito del programa de tratamiento que estamos considerando?
- ¿Existe la posibilidad de un programa de ayuda basado en el compañerismo, como el de los Alcohólicos Anónimos?

Si el plan se inclina hacia la ayuda basada en el compañerismo, sin importar dónde te encuentres, existe una reunión de doce pasos comenzando en unas dos horas en algún lugar razonablemente cerca. En la mayoría de los lugares, puedes encontrar un número central para Alcohólicos Anónimos, Narcóticos Anónimos y otros programas de doce pasos similares. Ellos estarán más que felices de enviarte un calendario o explicarte acerca de los horarios y lugares de reunión, que pueden encontrarse en la Internet.

Ya que las reuniones de doce pasos no son creadas de igual

manera, entérate de antemano cuándo y dónde encontrar la reunión apropiada. Si no conoces a nadie que esté trabajando en un programa así, pregunta por ahí y alguien te encontrará uno. Eso no es para asustarte. Es solo que los Alcohólicos Anónimos, los Narcóticos Anónimos, los Adictos Sexuales Anónimos y demás son en realidad anónimos. No utilizan los apellidos y no se identifican los unos a los otros en público, excepto previo acuerdo mutuo. Así que si comienzas a preguntarles a tus amigos si saben dónde podrías encontrar un programa de doce pasos, muy pronto uno de ellos te dirá que podría darte un número de teléfono e irás por buen camino.

Si el usuario continúa negando el problema (o la severidad del problema, ya que sabe que tiene problemas en las relaciones con la gente que lo ama, pero no confía en él) y es menor de edad, sus padres pueden tener una razón legal y posiblemente una obligación de buscar un tratamiento, ya sea que el joven quiera o no. Esta es una cosa rara y difícil, y es importante recordarles que si no creen que estén actuando a fin de salvar la vida, deberían repasar la historia del usuario y considerar las opciones de intervención una vez más para ver si existe otro camino.

Si sienten temor de perder a su hijo por tomar medidas tan drásticas, esperamos que se animen con la noticia de que a pesar de que pueda estar resentido y rechace su decisión, existe muy poca diferencia en la tasa de éxito entre aquellos que se sometieron voluntariamente al tratamiento y los que pelearon a capa y espada. Muchos adolescentes que son obligados a asistir al tratamiento terminan expresándoles un profundo agradecimiento a sus padres por sus decisiones. Con un poco de gracia, podrás salvar la relación, igual que a tu hijo.

4.0

COMPENDIO DE LA
CRISIS

Estas son veintidós crisis que seguimos encontrando en todo tipo de familias en todo tipo de lugares. Algunas de ellas se solapan. Muchas de ellas no son lo que parecen ser al principio.

Esta sección despliega los asuntos de fondo y los planes de acción básicos como un punto de partida para la *intervención* y la prevención.

4.1 **ACCIDENTES**

Cuando ocurre un accidente que involucra heridas o muertes, la pregunta que carcome a la mayoría de los jóvenes es: ¿Por qué?

- *¿Por qué esto tuvo que ocurrir?*
- *¿Por qué mi amigo (o quien sea) fue tan torpe? ¿O descuidado? ¿O desafortunado?*
- *¿Por qué permitiría Dios este tipo de cosas?*

Luego se torna personal...

- *¿Por qué no a mí?*
- *¿Por qué decidí no ir con ellos?*
- *¿Por qué sobreviví?*
- *¿Por qué no salí lastimado?*

Este es el inicio de la *culpabilidad del sobreviviente*, el rasgo líder de lo que es una conciencia enfermiza: **Debí** *haber sido yo.*

No hay muchas respuestas satisfactorias a las preguntas de *por qué* relacionadas con los accidentes serios. Acepta el hecho de que la vida es una tarea de desarrollo necesaria para los adolescentes. Ayuda a tus hijos a aprender la lección, y los prepararás para un mundo de dolor en el futuro. Si eso se escucha un poco duro, la alternativa es que tendrán que soportar el dolor sin ninguna ayuda tuya.

No creemos que Dios desperdicie el dolor. Los padres tampoco deberían de hacerlo.

PLAN DE ACCIÓN: ABORDA EL DOLOR

No entres en explicaciones detalladas, pero cuando el tiempo sea apropiado —con gentileza y respeto, y sin sermonear o explotar el quebranto de tu hijo— involúcralo en explorar la tragedia y aprender lo que pueda de ella.

- Si el resultado del accidente fue la muerte, crea un ambiente seguro para narrar historias y recordar a la persona que falleció. Si es apropiado, anima a tu hijo a invitar a algunos amigos para estar juntos.

- Sin acaparar la atención o competir, recuerda historias de accidentes y sufrimientos de tu propia vida.

- No engañes. Los adolescentes meditabundos no están muy conformes con las simples aseguraciones de que todo sucede por una razón... ni deberían de estarlo. Resulta tentador llenar el incómodo silencio con trivialidades, pero los jóvenes requieren respuestas honestas. Cuando no sabes qué decir, permite que el silencio haga su trabajo. «No sé por qué ocurrió esto» es mejor que decir: «Supongo que le llegó su hora» o «Dios tiene un propósito para todo».

- Si el accidente resulta en una hospitalización larga, enséñale a tu hijo las normas básicas de un hospital (Regla de pulgar: a menos de que la persona lastimada te pida que te quedes más tiempo, limita la duración de las visitas a alrededor de un minuto por cada día que ha estado hospitalizada; hazlas más cortas si el paciente se ve cansado o incómodo físicamente). Luego de cada visita, pídele a tu hijo que te diga qué pudo ver, escuchar y sentir en la habitación. Sé generoso con tu propia historia, describiendo lo que has aprendido acerca de las personas que sufren dolor y qué ha significado esto para ti. Incluye errores e inconformidades si forman parte de tu historia real. En el caso de una recuperación larga, ayuda a tus hijos a encontrar la forma de permanecer apropiadamente comprometidos sin dejar de apoyar o abandonar a su amigo.

- Ayuda a tu hijo a obrar para deshacerse del sentimiento de culpa al examinar la responsabilidad. Hacer cosas tontas no implica ser perverso; es simplemente ser estúpido. No obstante, eso no hace que el dolor desaparezca. Un accidente que ocurrió bajo la influencia del alcohol no fue en realidad un accidente; fue un acto tonto (y posiblemente criminal) cometido por alguien que sabía lo que era correcto y no lo hizo. Lo que sabemos no es tan importante como la forma en la que decidimos comportarnos.

- Testifícale a tu hijo en cuanto a la paciencia y la bondad de Dios. Mantente presente con él a través de la terrible experiencia del dolor. Asegúrale que es bueno que esté vivo. Anímalo a vivir con propósito.

- Establece las realidades de la causa y el efecto en la física de la vida. Muy pocos vehículos y aun menos conductores pueden manejar en una curva de cincuenta kilómetros por hora a una velocidad de cien. La fatiga hace que aumente la posibilidad de error en la toma de decisiones.

- Ayuda a tu adolescente a trabajar en el perdón explorando continuamente las disculpas, las enmiendas, la restitución y los cambios de actitud.

- Destruye el mito de la invencibilidad: *Los accidentes le suceden a otras personas.* Ayúdale a descubrir que nadie es tan inteligente (o fuerte o bendecido o afortunado) como para estar exento de accidentes.

- Con gentileza, rechaza al narcisista que quiere hacer ver que todo es acerca de él: *Me pregunto qué está tratando Dios de enseñarme por medio de esto.* Afirma la sobria verdad de que Dios hace que el sol se levante sobre buenos y malos, y manda la lluvia sobre justos e injustos.

- Mantente alerta a las señales de automedicación, el comportamiento autolesivo y la bulimia en tu hijo y sus amigos.

- Sé un campeón de la misericordia. Ofrece mediar en las relaciones rotas por los accidentes.
- Habla de un modo sano sobre los accidentes. Por ejemplo, si tu hijo tiene (o quiere) la licencia para conducir, dile algo como: «Mira, tarde o temprano tendrás un accidente en el auto. Sé esto porque le pasa a todos. Depende de ti hacer todo lo posible para evitarlo y asegurarte de que cuando suceda, el daño sea menor, ¿es eso justo?». Luego, cuando ocurra, recuérdale lo que dijiste.

4.2 IRA

La mayoría de las veces, la historia detrás de la historia de la ira es el temor.

- Temor de fracasar
- Temor de ser una víctima
- Temor de perder el control
- Temor de verse mal o hacer el ridículo
- Temor de quedar fuera
- Temor de estar equivocado
- Temor de no ser respetado
- Temor de ser abandonado, sufrir o morir

El temor no ayuda mucho para mejorar la calidad de vida de un adolescente, pero por lo general no los hace meterse en problemas. No obstante, *la ira sí*. Los jóvenes airados rompen, rayan, roban y pintarrajean las cosas. Lastiman a otras personas y a los animales. Se lastiman a sí mismos. Los jóvenes airados discuten y pelean, y utilizan bates, automóviles y su propia fuerza como armas. Incluso algunas veces los adolescentes airados utilizan *armas* como armas. Todas estas conductas avanzan a lo largo de un espectro que va del enojo a la rabia, terminando en una conducta letal.

PLAN DE ACCIÓN: ESTABLECE ENLACES

En la mayoría de las crisis de ira —las que no involucran

crímenes— puedes intervenir (y quizás incluso prevenir crisis mayores) al ayudar a tu hijo a relacionar su ira con un temor oculto.

Esto no implica una interrogación enojada en la que demandas: «¿Cuál es tu problema? ¿De qué tienes miedo?». Significa sentarse cara a cara, hacer preguntas y escuchar profundamente. Las historias que salen a la superficie te ayudarán a ti y a tu hijo a relacionar la ira con el temor escondido. ¿Tiene temor de fallar? Ayúdalo a determinar por qué. ¿Tiene temor de perder el control? Ayúdalo a descubrir la fuente de ese temor. Sin importar qué le cause temor, ayúdalo a llegar al fondo y descubrir una manera de vivir a pesar de su miedo, redireccionando su ira hacia una acción creativa.

Si tu adolescente cruza la línea y se ve envuelto en un problema legal, tu acceso se vuelve más difícil, pues las estacas son más altas. No dependas del sistema de justicia juvenil para ayudar a tu hijo a resolver su ira... podría suceder, pero no dependas de ello. Si la conducta de tu hijo hace que tenga que acudir al sistema legal, haz todo lo que puedas para ayudarlo con el mismo tipo de atención dedicada que emplearías si el problema fuera menor.

Averiguar si *tu* conducta es la fuente de la ira de tu hijo puede ser tan sencillo como preguntar, pero probablemente no lo sea. Trae a una tercera persona —si las cosas están demasiado mal, considera a un líder juvenil con habilidades antes de ir a un terapeuta— para que te ayude a obtener la verdad en cuanto a esto.

Hagas lo que hagas, por favor no te rindas. El compromiso sostenido es la clave para avanzar a través de la ira. Cuando un adolescente transforma su ira en una conducta creativa y proactiva, tiene una mayor probabilidad de moverse más allá de su sentido de ineptitud hacia una experiencia de crecimiento en lo que se refiere a su capacidad personal, por medio de la cual se genera un cambio real en lugar de que el joven solo se someta al castigo.

4.3 INTIMIDACIÓN

La intimidación y la iniciación de novatos tienen mucho que ver con la ira... y también con los derechos del individuo. A pesar de los antiguos dichos acerca de la baja autoestima, las investigaciones muestran que los intimidadores tienden a tener una opinión elevada de sí mismos.

La mejor información que tenemos identifica a cinco tipos de personas involucradas en la intimidación[1]:

- Los peleones
- Las víctimas
- Los peleones/víctimas
- Los espectadores
- Los adultos que no prestan atención

LOS PELEONES

Entre el siete y el trece por ciento de los jóvenes de la secundaria intimidan a otros sin que nadie se los impida.

En comparación a sus compañeros más tranquilos, los peleones:

- Tienen una opinión inflada de sí mismos.
- Disfrutan de un estatus social alto.
- Experimentan en un alto nivel la evasión de sus compañeros.
- Desean ser el centro de atención.
- Tienen dificultad para recibir críticas.

- Tienen mayor tendencia a abusar del alcohol y otras drogas.
- Corren un mayor riesgo de ser victimizados (cerca de la mitad se convierte en víctima en algún punto).
- Tienen mayor tendencia a expresar desórdenes de conducta, trastornos por déficit de atención con hiperactividad y otros problemas de salud mental.
- Tienen una mayor tendencia a portar un arma dentro y fuera de la escuela (43.1% frente a 52.2%).
- Tienen mayor tendencia a pelear frecuentemente y salir heridos en las peleas (38.7% frente a 45.7%).
- Tienen mayor probabilidad de manifestar una conducta antisocial y criminal en la edad adulta.

LAS VÍCTIMAS

Cerca del diez por ciento de los jóvenes de la secundaria son intimidados en la escuela, pero no pelean con otros. Comparado a las no víctimas, las víctimas de la intimidación:

- Corren mayor riesgo de tener problemas de salud física y mental, como dolor de estómago o cabeza y depresión.
- Se ausentan de la escuela con mayor frecuencia debido al temor.
- Experimentan mayores niveles de ansiedad en la edad adulta.
- Luchan con sentimientos de baja autoestima.
- Son evitados por sus compañeros con frecuencia.
- Tienen un bajo estatus social.
- Cuentan con pocos amigos (es incierto si tienden a ser víctimas porque tienen pocos amigos, o si tienen pocos amigos porque son víctimas).
- Sienten que el control de sus vidas está en las manos de otros.

LOS PELEONES/VÍCTIMAS

Cerca del seis por ciento de los jóvenes de la secundaria intimidan y son intimidados en la escuela.

En comparación con sus compañeros de clase, los peleones/víctimas:

- Tienen niveles más altos de mala conducta y problemas en la escuela.
- Se involucran menos en la escuela.
- Reportan altos niveles de depresión y soledad.
- Experimentan la evasión de sus compañeros.

LOS EXPECTADORES

Cerca del setenta y cinco por ciento de los jóvenes en la secundaria no intimidan ni son intimidados en la escuela. Cerca del veintidós por ciento viven al margen de la intimidación sin ser sustancialmente atraídos a esta.

LOS ADULTOS QUE NO PRESTAN ATENCIÓN

La intimidación requiere un motivo y una oportunidad. La intervención de un adulto reduce el rango de oportunidades. Los adultos benévolos y atentos reducen la motivación de la intimidación, la cual aparenta ser de otra manera sostenida por los niños.

PLAN DE ACCIÓN: PRESTA ATENCIÓN

Tú puedes jugar un papel crucial en la reducción de la intimidación al ponerle especial atención a la conducta de tu propio hijo e insistir en que los adultos que dirigen la escuela, los grupos de la iglesia y las organizaciones juveniles hagan lo mismo.

- Sé claro en cuanto a qué significa para ti la intimidación:
  - Golpear, abofetear, patear, empujar, hacer tropezar, escupir o asaltar de otra manera a una persona.
  - Poner apodos; bromear de forma desagradable; insultar por motivo étnico, sexual, racial o corporal; amenazar, maldecir o atacar de cualquier otra manera verbal a una persona.
  - Amenazar, maldecir y otras formas de ataque verbal, ya sean en persona, por la Internet, vía teléfono móvil o de forma escrita.
  - Robo o daño intencional de la propiedad que pertenece a otra persona.
  - Notas con insultos o amenazas, correos electrónicos, mensajes de texto, grafitos o cualquier otra forma de comunicación que intente lastimar a otra persona.
  - Difundir rumores, marginar, excluir o intimidar de cualquier otra manera a una persona social o psicológicamente. Ya sea en persona, por la Internet, vía teléfono móvil o de forma escrita.
- Sé uno de los adultos benévolos y atentos que reducen la motivación a la intimidación al comprometer a los jóvenes en experiencias transformadoras. En un mundo mejor, los padres previenen la intimidación simplemente siendo padres. No vivimos en ese mundo, así que mira y escucha para descubrir quién es un peleón. (Recuerda los porcentajes: si conoces a treinta jóvenes, probablemente conocerás a dos peleones).
- No permitas que la intimidación —de cualquier forma— avance sin ser desafiada en tu red de relaciones. Los padres saludables enseñan a sus hijos a cuidar del pobre, el débil, el ciego, el cojo y el

enfermo, justo el tipo de personas que representan un objetivo para los peleones. Así que no permitas que alguien (¡CUALQUIERA!) lastime a los débiles mientras te sientas y observas.

- Préstales atención a los adolescentes. La intimidación se encona cuando tiene lugar desde sexto hasta octavo grado.

- Si te das cuenta de que alguien que conoces está siendo víctima de intimidación, interviene a favor de la persona, incluyendo el compromiso apropiado con el personal de la escuela, otros padres y las fuerzas de seguridad. (Una vez más, recuerda los porcentajes: si tu hijo está en una clase de treinta estudiantes, fácilmente podrás conocer a dos víctimas).

- Los peleones disfrutan de altos niveles de estatus en la escuela. Los demás temen, odian y evitan a los peleones, pero por alguna razón no les arrebatan su poder social. Incluso —tal vez en especial— si tu hijo no es una víctima de la intimidación, motívalo a movilizar al veinte por ciento o más de los estudiantes espectadores que usualmente son testigos de la intimidación para que se pronuncien en contra de esa conducta infantil, problemática e inesperada de alguien al que todos parecen considerar como «buena onda». Cuando el veinte por ciento de los jóvenes se ponga de pie, existe una buena probabilidad de que el otro cincuenta por ciento se eche atrás y deje de molestarlos.

- Motiva al personal docente y otros adultos que trabajan con los jóvenes a que hagan una encuesta anual acerca de la intimidación como punto de partida para el aprendizaje del colectivo y la toma de decisiones en cuanto a qué conductas serán toleradas por el grupo de amigos.

- Compromete a tu hijo a desarrollar un vocabulario emocional sofisticado para que pueda expresarse con vívida claridad y profundidad a través de una amplia gama de experiencias humanas. (Ver la sección 5.1 de este libro).

- Moviliza a otros adultos. Si el equipo atlético de tu comunidad desarrolló la cultura de intimidar, aborda el asunto con los otros padres, maestros, administradores, entrenadores, líderes juveniles y amigos de tus hijos (en especial los atletas). Si conoces a un líder juvenil, sugiérele que ofrezca sus servicios para desarrollar el tema en las reuniones del equipo, algunas sesiones en la calle, las reuniones con los padres y las asambleas de la escuela a fin de hacer de tu comunidad una zona libre de intimidación. El material de este libro y de *Cómo ayudar a jóvenes en crisis* (Especialidades Juveniles, 2007) es un buen lugar para comenzar.

- Examínate. ¿Podría alguien argumentar de un modo convincente que has intimidado a tus empleados, vecinos, amigos, jóvenes, otros padres o tu prójimo? De ser así, haz lo que sea necesario para compensarlos y hacer que eso cambie de forma radicalmente.

4.4 HACER **TRAMPA**

Algunos estudiantes hacen trampa porque son desafiados en exceso; otros lo hacen porque reciben pocos desafíos.

El estudiante demasiado desafiado probablemente hace trampa para salvar su imagen o, paradójicamente, complacer a sus padres, quienes lo persuadieron de que las calificaciones son importantes, pero quizás no le dejaron saber que valoran aun más el *aprendizaje*. Si las calificaciones importan más que el aprendizaje, hacer trampa puede ser una puerta trasera de acceso a lo que desea tanto en la clase como en el hogar... hasta que la decepción salga a la luz.

El estudiante poco desafiado podría hacer trampa porque está aburrido o distraído. En realidad, podría tratarse no tanto de que se sintiera poco desafiado como de que no se sintiera *comprometido* en comparación a otras experiencias de aprendizaje que parecen encantarle. En cualquiera de los casos, el problema no es que no pueda hacer el trabajo, sino que no le importa hacerlo.

Probablemente es un error asumir que cualquiera de estos estudiantes comenzó a hacer trampa porque fuera perezoso (*sin motivación* tal vez, en especial el estudiante poco desafiado, y posiblemente *desmotivado* debido a la carencia de resultados satisfactorios). Averigua por qué los estudiantes hacen trampa y sabrás cómo abordar el problema.

Lo importante a destacar es que hacer trampa por sí mismo generalmente no constituye una crisis. Es ser atrapado lo que precipita la crisis, y *que te atrapen* es una consecuencia no planeada.

PLAN DE EDUCACIÓN: ABORDA LAS RAÍCES DE LAS CAUSAS

El joven desafiado en exceso necesitará ayuda adicional seguramente en la forma de tutoría o un compañero de estudio capaz. Averigua si tiene problemas en más de una materia. De ser así, explora la posibilidad de problemas más profundos o extensos. ¿Cómo está su vista? ¿Procesa la información de un modo eficaz o lucha con problemas visuales o auditivos? Esto requerirá una evaluación profesional, ya que los jóvenes con discapacidades de toda la vida —la dislexia, por ejemplo— tal vez no tengan el lenguaje para comparar lo que ven y oyen con la capacidad que disfruta la mayoría de los demás.

El estudiante muy desafiado posiblemente pueda necesitar también la seguridad de que las luchas que enfrenta no son una falla de su carácter, aun si sus intensos para solucionarlas fueran poco honrosos.

El estudiante poco desafiado presenta un panorama distinto. Rinde por debajo del nivel y puede necesitar ser rastreado y que se le siga la pista. Esto es, por supuesto, el tipo de asunto que debe abordar el personal de la escuela, asumiendo que la escuela tenga la capacidad. Sin embargo, eso no significa que no puedas hacer preguntas.

Considera la posibilidad de que el estudiante poco desafiado esté distraído por problemas que son invisibles para ti. Averigua que más está sucediendo: ¿Está su familia atravesando cambios? ¿Está siendo molestado o intimidado en la escuela, su trabajo, su vecindario, su casa o su iglesia? ¿Tuvo alguna desilusión grande? ¿Está dolido por alguna pérdida significativa (significativa para él, sin importar si el asunto es importante para otros)? ¿Se siente ansioso con respecto a crecer en general o salir de su casa en particular?

Dos cosas más: (1) Algunos jóvenes hacen trampa porque otros también lo hacen.

JH: Un grupo de estudiantes inteligentes y de alto rendimiento una vez me contó que era en realidad difícil obtener una B como calificación mientras que otros se estaban robando las A. Escuché casualmente a otros estudiantes admitir que hacían trampa en materias que nos les importaban. «No haría trampa en algo importante», decían ellos, «pero no voy a especializarme en geografía. Así que, ¿en realidad importa?». Yo creo que importa mucho, pero ellos no siempre están a mi favor.

Persuadir a un estudiante de que su aprendizaje es más importante que las calificaciones podría requerir mucho esfuerzo, ya que después de todo tú debes estar persuadido de eso primero. ¿Lo estás? (Camina con cuidado aquí; el detector de mentiras de tu hijo se activará si tratas de engañarlo).

(2) Hacer trampa puede convertirse en un hábito. Para algunas personas existe una ansiedad por salirse con la suya al hacer trampa. Compáralo con la sensación que algunos tienen al robar prendas que podrían pagar y tendrás una mejor idea. La solución para este tipo de emoción breve tiene mucho que ver con resolver problemas de compulsión y conducta adictiva. (Ver la sección 4.18).

4.5 CORTARSE Y CONDUCTA
AUTOLESIVA

¿Por qué habría alguien en el mundo que deseara quemarse, rasguñarse, golpearse, morderse, pegarse o marcar su cuerpo? ¿O arrancarse el pelo? ¿O golpearse la cabeza?

Tal persona podría ser diagnosticada con retraso mental, autismo o un desorden bipolar. Podría sufrir de depresión, ansiedad o trastorno por estrés postraumático. Lo más probable es que sea una víctima de abuso o asalto sexual.

La conducta autolesiva implica la destrucción o mutilación repetitiva pero no letal de la piel sin llegar a ser un intento consciente de suicidio. En realidad, una persona podría involucrarse en la autoagresión para no llegar a matarse. Se inflige dolor físico para expresar su dolor emocional y espiritual, contextualizar y quizás controlar el temor, la ira, el vacío, el aislamiento y la pena. Los adolescentes victimizados que carecen de la capacidad de hablar acerca de su sufrimiento pueden expresar su dolor y su agotada autoestima con conductas autodestructivas. Los desórdenes alimenticios por lo general coexisten con la autolesión.

DAME UNA SEÑAL

- Muchas pulseras o brazaletes juntos en la muñeca o el tobillo.
- Hojas de afeitar, cuchillas, cuchillos, presillas de

papel abiertas, o vidrios rotos ocultos en su habitación o entre sus pertenencias.

- Piel pelada.
- Rasguños en la piel.
- Pérdida de partes de cabello.
- Muchos automutiladores atacan áreas de tejidos que nadie pueda ver, lo que los llevará a evitar vestir trajes de baño o tener citas con el doctor.
- La mayoría de los adolescentes continuarán con la conducta autolesiva hasta que los problemas más profundos sean resueltos. El medicamento puede aliviar los síntomas de ansiedad, estrés o depresión, pero el principal tratamiento para la automutilación es sacar a la luz y abordar la raíz de la causa del dolor.

PLAN DE ACCIÓN: SINCERIDAD

- Reconoce que sabes acerca de cortarse y otras formas de conducta autolesiva y que no te escandalizarías si supieras que la gente trata de controlar su dolor de esa manera.
- No confundas la conducta autolesiva con las perforaciones moderadas del cuerpo (*piercing*) o los tatuajes. Las perforaciones o los tatuajes *excesivos* merecen una revisión.
- Si sospechas que un adolescente sufre de asalto, abuso sexual o algún otro trauma considerable, no dudes en preguntar, de forma gentil pero directa, si alguna vez siente ganas de lastimarse a sí mismo en los momentos de gran estrés. Si recibes un sí o un no vacilante, pregunta directamente si hizo algo para lastimarse. Si no estás seguro, no temas en preguntar si fue asaltado alguna vez, abusado sexualmente, o si ha tenido otra experiencia traumática.
- Haz lo mismo si ves señales que puedan indicar autolesión: pregunta gentil y directamente si la

lesión es lo que parece ser. Si no confías en la respuesta, presiona hasta tener una más clara.

- Si crees que la conducta autolesiva es un preludio de suicidio, mira las secciones 2.2 (DLAP) y 4.19 (Suicidio).
- De cualquier manera, si sientes que esto es más difícil de lo que puedes manejar, refiere al joven a un profesional capacitado tan pronto como sea posible. (Ver la sección 3.1).
- Enséñales a los jóvenes que presentan conductas autolesivas a tener un rico vocabulario emocional. (Ver la sección 5.1 y el apéndice 6.3).
- Anímalos a llevar un diario, leer poesía, dibujar, escuchar música y grabar un vídeo.
- Enséñales tácticas para lidiar con los problemas, tales como:
  - Buscar el compañerismo en lugar del aislamiento.
  - Meditar en *La oración de serenidad*.
  - Practicar técnicas de distracción, como pequeños períodos de ejercicio o respiración controlada.
- Ayuda a tu hijo a seguir trabajando en las causas escondidas hasta que sean solucionadas.
- Mantente alerta, ya que algunos chicos regresan a la conducta de automutilación durante épocas de desequilibrio, así que vuelve al principio de esta lista y asume que estás con ellos en esto a largo plazo.

4.6 **MUERTE**

Es posible que tengas que llamar a tu hijo para decirle que un ser amado o un amigo cercano falleció. He aquí algunas recomendaciones.

- Trata de darle la noticia personalmente. No utilices el teléfono a menos que no tengas otra opción. Si estás muy lejos para darle la noticia en persona, considera otra opción de carne y hueso como una persona que tenga una relación cercana con tu hijo.
- Comparte los hechos básicos de manera directa. La gravedad de tu mensaje probablemente será comunicada por medio de tu comportamiento mucho antes de que las palabras sean dichas. Más allá de la información básica, provéele los detalles que te pida.
- Se necesitará tiempo para que la realidad de lo que acabas de comunicar cobre sentido. Reconoce que las personas responden a la tragedia de diferentes maneras: con asombro, lágrimas, silencio, ira, culpa, incredulidad o retraimiento.
- Después de haberle dado la noticia, quédate con tu hijo hasta que te sientas seguro de que se encuentra listo para funcionar. Si debes irte antes de sentir esa confianza, pídele a otro consejero que permanezca con él.
- Sé sensible a su necesidad de privacidad. Pruébate a ti mismo que puedes hacerlo y excúsate por breves minutos.

- Has difícil que pueda aislarse o automedicarse. Lo último puede resultar desafiante si hay adultos alrededor que ahoguen sus penas o adormezcan de otra manera sus sentimientos.

- Deja claro que es aceptable —hasta importante— preparar la comida, dormir, tomar aire puro y participar del momento. Repasa los atributos de un ayudante en la sección 2.3.

PLAN DE ACCIÓN: PREPARA A LOS JÓVENES PARA LA MUERTE

Vivimos en una cultura que niega la muerte. Prepara a los jóvenes para enfrentar la muerte al:

- Hablar con simpleza de nuestra mortalidad.
- Llevar a tus hijos a los funerales y hablar luego acerca de la experiencia.
- Permitirle a tu hijo acompañarte cuando visitas a un amigo o una familia que está de duelo, incluyendo una visita a una capilla funeral si es tu costumbre. Sin sonar morboso, invítalos a hacer preguntas y desmitifica sus falsos conceptos en cuanto al proceso del entierro y la cremación.
- Conversar acerca de lo que crees que pasa después de la muerte.

Etapas de la pena

Enseña las cinco etapas de duelo enunciadas por la psiquiatra y escritora Elisabeth Kübler-Ross: *Negación, ira, negociación, depresión y aceptación*[1]. Preparar a los jóvenes para dolerse con aquellos que sufren pena también los prepara para su inevitable dolor.

Negación. Una respuesta inicial a la noticia de un fallecimiento es negar la posibilidad; como si creyéramos que nuestra negación hará que la pérdida desaparezca. Los servicios funerales ayudan a finalmente interiorizar lo que en realidad ocurrió.

IRA. Ira por el abandono; ira hacia la persona que causó la muerte prematura; ira consigo mismo; ira hacia la persona fallecida; ira contra Dios. Somos más útiles cuando creamos un ambiente en el cual los jóvenes tienen permiso de verbalizar su ira como una parte normal de su proceso de duelo.

NEGOCIACIÓN. Mantente alerta al intento de alguien —en especial los jóvenes— de negociar con Dios: *Dios, si me devuelves a mi mami, prometo nunca desobedecer de nuevo*. La esperanza de que pueden tener incluso el más remoto control sobre el regreso de un ser querido puede ser todo lo que algunos jóvenes tienen para apoyarse. Te das cuenta de lo imposible que es, pero para un adolescente toma tiempo que la realidad cobre sentido.

DEPRESIÓN. El entumecimiento que puede proteger a los jóvenes al inicio de la pena puede atraparlos luego según la magnitud de la pérdida va penetrando. Parte del problema es la percepción de que todos los demás lo superaron y el adolescente está solo en medio de su sufrimiento. Ahí es cuando tu presencia puede ser más significativa. Una forma de mantenerte al tanto es invitándolo a compartir recuerdos al decir: *Siempre pienso en tu padre cuando escucho esa canción* o *Tu hermano debe estar feliz en este momento*.

ACEPTACIÓN. La aceptación ocurre en su momento. Aún existe un vacío que el amor perdido debería ocupar, pero es posible funcionar sin el mismo. Poco a poco las cosas vuelven a lo normal.

Lee los consejos para el cuidado de los sobrevivientes en la sección sobre el suicidio (4.19) para más ideas acerca de cómo cuidar a tus hijos durante el duelo.

4.7 DIVORCIO

El divorcio te hace tambalear.
El divorcio te hace dar vueltas.
El divorcio te confunde.
El divorcio te obliga a escoger.
El divorcio te hace infeliz.
El divorcio te hace enloquecer.

El divorcio te hace preguntarte a quién le importas.
El divorcio te hace sentir mucho miedo.
El divorcio hace que haya silencio en la casa.
El divorcio te hace vivir en soledad.

El divorcio es supuestamente una respuesta.
El divorcio, en realidad, es un cáncer emocional.

— una niña de diez años de Chicago[1]

OCURRE EN CADA VECINDARIO

Cuando Rebeca tenía tan solo cinco años, asombró a su madre con una simple pero aguda pregunta: «Mami, ¿te vas a divorciar de mi papi?». Nadie en nuestra casa le había dado a Becky alguna causa para creer que el matrimonio de sus padres estaba en problemas. Ninguna pareja entre sus familiares o en el círculo de amigos adultos de sus padres se había separado, divorciado, o tan siquiera movido en esa dirección. Aun así, ella asumió que era algo inevitable. A la edad de cinco años.

Resultó que Becky había visto un programa de televisión dedicado a ayudar a los hijos de padres divorciados. Se trataba de un episodio de *El vecindario del señor Roger*. Y eso básicamente lo dice todo. La disolución de las familias es un hecho en la vida hoy. El impacto de eso recae con fuerza sobre los hijos, que tienden a interiorizar cuatro tipos de mensajes luego de una ruptura familiar: *humillación, culpabilidad, falta de confianza y expectativas inferiores.*

Humillación

Imagina estar en medio de dos «ex amantes». Mientras los amigos continúan con las tareas normales del desarrollo de la niñez y la adolescencia, estos hijos deben contender con los problemas de ajuste que resultan de las rupturas familiares:

- Custodia: ¿Quién vivirá con quién, dónde y cuándo?
- Trastornos emocionales en el padre que recibe la custodia.
- Hostilidad entre los padres.
- Dolor personal.
- Tensión financiera como resultado de mantener dos hogares.
- Incremento de las responsabilidades en los quehaceres diarios del hogar.
- Ira hacia los padres, parejas y padrastros.
- Nuevas reglas en casa y nuevos roles.

Muchos hijos se sienten avergonzados al hablar acerca de la separación o el divorcio de sus padres. Algunos prefieren sufrir la agonía y la soledad del silencio que arriesgarse a hacer el ridículo o ser rechazados. Todo esto conspira para socavar el sentido de balance de un hijo. El resultado es una mezcla impredecible de disposiciones que pueden ir desde la vergüenza hasta la culpabilidad.

Culpabilidad

Muchos adolescentes se sienten responsables del divorcio de sus padres, incluso si esto ocurrió mientras eran niños. Ellos luchan con las dudas y se preguntan qué hicieron para provocarlo o qué pudieron haber hecho para prevenirlo. Al mirar en retrospectiva, construyen escenarios con manos que señalan en su dirección y los culpan. Al pensar en el futuro, confeccionan esquemas para hacer que sus padres estén juntos de nuevo.

En las familias donde el anuncio de divorcio viene como un golpe repentino, los hijos están más aptos para asumir las responsabilidades que aquellos de familias donde la guerra se fue desarrollando por algún tiempo y los bandos son claramente definidos. En este último caso, los hijos pueden sentirse culpables si sienten alivio por el cese de las hostilidades.

Los padres que esperan hasta el último minuto para comentarles a sus hijos sobre su intención de separarse o divorciarse minimizan la oportunidad de que los hijos procesen lo que está sucediendo, hagan preguntas importantes (*¿Aún podremos verte? ¿Todavía nos amas?*) y reciban una seguridad vital de ambos padres (*Todavía te amamos. Esto no tiene nada que ver con tu conducta. Es entre nosotros*). Sin este procesamiento, la probabilidad de que los hijos se sientan responsables por la separación se incrementa de modo significativo, haciendo el ajuste mucho más difícil.

Falta de confianza

Seguro conoces el viejo adagio: «*Engáñame una vez, que mal por ti; engáñame otra vez, que mal por mí*». Los hijos que sobreviven a un divorcio con frecuencia muestran señales de perder la fe en los adultos.

En un intento de justificar sus acciones, uno o ambos padres pueden compartir vagos detalles que hacen que la otra persona se vea mal, parezca irresponsable y sobre todo culpable. Los juegos que los padres practican son llevados más allá por los parientes o amigos interesados en ayudar a los hijos a ver en realidad de quién es la culpa. Las cortes, cuyo propósito es *proteger* los mejores intereses de los hijos, a menudo los llevan hacia una situación en la que son usados por uno de los padres en contra del otro.

Cuando el humo se despeja, los hijos se quedan preguntándose si existe algún adulto en el que puedan confiar. David Elkind, afirma:

Considera por un momento lo que el divorcio hace en el sentido del joven con relación a la sabiduría, la competencia y la experiencia de los padres. Este suceso no solo confronta al adolescente con los problemas difíciles de la autodefinición, sino que también cambia su percepción de la autoridad de los adultos. Muchos jóvenes creen que, por ejemplo, debido a que sus padres arruinaron sus propias existencias, no tienen nada que enseñarles a ellos de la vida. Y luego, en algunos hogares de padres solteros, los jóvenes son tratados como exactamente iguales al padre que se quedó, una cosa que también contribuye al declive de la autoridad paterna. (Este trato igual es en particular peligroso durante la adolescencia temprana, cuando los jóvenes necesitan con desesperación la guía y la dirección de un adulto con mayor conocimiento)[2].

Expectativas inferiores

No es inusual escuchar que los adolescentes de hogares con problemas expresen su temor a quizás nunca llegar a disfrutar de un matrimonio feliz, o la opinión de que tal cosa no existe.

PLAN DE ACCIÓN: ESPERANZA REALISTA

- Aun si tu matrimonio no sobrevive, expón a tus hijos a modelos realistas saludables. Enséñales en cuanto a la resolución de problemas, la simpatía, la empatía, la negociación, la solución de conflictos, el perdón y la restauración.
- Ayuda a los jóvenes a comprender los límites de la edad adulta. Destruye los mitos de la omnipotencia y la omnicompetencia de los adultos. (Esto no es muy difícil, ya que ellos están despertando al hecho de que sus padres son tan torpes como

cualquier otra persona, el asunto es ayudarlos a ser generosos al respecto en lugar de cínicos).

- Pídeles a los miembros adultos de la familia y a los amigos que acompañen a tu hijo lo más pronto posible después de tu separación. El reportero investigativo Warner Troyer entrevistó a cientos de niños, jóvenes y adultos estadounidenses y canadienses que tenían una cosa en común: todos eras hijos de padres divorciados. «El punto de vista esencial», observa Troyer, «es simplemente que los padres, después del divorcio, no son tan grandiosos. La compañía y la amistad de otros adultos es necesaria»[3].

- Asiste a un grupo de recuperación para padres divorciados, preferiblemente que incluya a los adolescentes para que puedan ir tus hijos. Pídele a tu antiguo cónyuge que se una al grupo también.

- No te aferres demasiado a ellos, pero no te olvides de ofrecer expresiones apropiadas de afecto cuando los niños pasan por un divorcio. La experiencia completa de afecto físico puede ser escasa durante los conflictos familiares, aunque recuerda que el afecto debe darse de manera apropiada.

- No dudes en referir al adolescente crónicamente deprimido a un profesional.

- Recuerda el discurso de los asistentes de vuelo: *En el caso de una descompresión de la cabina, una máscara descenderá del panel sobre ti. Asegura tu propia máscara primero; luego ayuda a tu hijo con la suya.* Es en realidad importante que uses tu máscara, ya que no serás una ayuda para nadie si mueres mientras intentas ayudarlos. Dicho esto, asegúrate de que tu hijo no se esté poniendo azul mientras espera por ayuda.

4.8 ABANDONO DE **LOS ESTUDIOS**

Los jóvenes que abandonan los estudios tienden a permanecer desempleados: el cuarenta y ocho por ciento de los que abandonaron los estudios enfrentaron el desempleo en el siglo veintiuno (de los cuales sesenta y seis por ciento eran hombres de color). Y aquellos que trabajaron ganaron solo el sesenta y cinco por ciento del ingreso promedio de los Estados Unidos, lo cual significa que ganaron treinta y cinco por ciento menos que un trabajador de ingresos medios[1]. Entre los estadounidenses de color, un hombre que abandona la escuela está sesenta veces más propenso a ir a prisión que uno que obtiene su título de bachillerato (el que obtiene el diploma, por cierto, disfruta durante su vida de más del doble de las ganancias que obtienen el que solo cuenta con el diploma de la secundaria... una diferencia de más de un millón de dólares[2]). Está cada vez más claro que la mayoría de los adolescentes no abandonan la escuela por el dinero.

PLAN DE ACCIÓN: VE DIRECTO AL GRANO

- Averigua qué hay detrás de la intención de un joven da abandonar sus estudios. El problema presente rara vez es la causa verdadera. Aborda lo que no es obvio. Busca:
  - Ansiedad en cuanto a crecer y asuntos de la niñez no resueltos.
  - Adicciones escondidas.

- Victimización en la escuela.
- Impedimentos del aprendizaje.
- Habilidades extraordinarias no descubiertas.
- Embarazo.
- Dinero de actividades ilegales.
- Conflicto familiar.

- Si te das cuenta de que el lugar de estudios no es en realidad el problema, abandonarlo no arreglará lo que está mal. Ayuda a tu hijo a identificar y resolver el problema real.

- Si el lugar de estudios es el problema, recomienda alternativas apropiadas. Para muchos jóvenes un diploma equivalente a los estudios secundarios es una buena o mejor alternativa que caminar en una graduación con compañeros de clase a los que les importan poco. Para los estudiantes totalmente desmotivados por la experiencia de la secundaria o profundamente motivados por otra alternativa para la que muestran aptitud, sugiere el plan de desarrollo vocacional o un programa equivalente a la secundaria. Es el aprendizaje (o al menos el certificado) lo que importa, no la experiencia estereotípica de la secundaria. Suspende tus preconcepciones y ten una visión clara de lo que motivará a tu hijo a avanzar en la vida. Si es un Plan de Desarrollo Vocacional o un Programa Equivalente de Secundaria, ayuda a tu hijo a prepararse para pasar el examen y luego continuar adelante con su vida.

- Haz lo que puedas para ayudar a tu hijo a encontrar un trabajo *significativo*, cuya importancia se mida por la productividad directa o por ciertos beneficios que apoyen el crecimiento personal y el servicio, en lugar de puramente por el ingreso disponible.

- Si tu hijo escoge un camino alternativo, encuentra la forma de ayudarlo a ver cómo construir relaciones significativas con otros jóvenes de su edad. Rara vez se ayuda a un adolescente rodeándolo de personas adultas en su lugar de trabajo o comunidad. No voy a profundizar demasiado en el tema, pero tu hijo de diecisiete años no necesita salir con alguien de veintitrés. Así que ayúdalo a encontrar lugares donde pueda desarrollar relaciones apropiadas.

- Ayuda a tu adolescente a desarrollarse y trabajar de modo que establezca un escenario deseable para el futuro. Utiliza la «Hoja de trabajo del plan de acción» del apéndice 6.1 a fin de desarrollar un plan que cubra las preocupaciones educacionales inmediatas. Luego emplea el mismo una segunda vez a fin de desarrollar un plan que ayude al estudiante a llegar a donde quiere como un trabajador creativo y productivo.

4.9 DESÓRDENES **ALIMENTICIOS**

La ciencia sugiere hoy que una combinación de factores genéticos y de conducta yace detrás del alarmante incremento de la *obesidad* (peso corporal de más del veinte por ciento de lo recomendado según la estatura) y la *obesidad mórbida* (peso corporal de más del cien por ciento del peso recomendado según la estatura). En los Estados Unidos, un censo informativo muestra un incremento en el número de niños y adolescentes con sobrepeso que va desde el seis por ciento en 1980 hasta el dieciocho por ciento en la fecha que se escribe este libro[1]. En nuestra opinión, esto tiene mucho que ver con el uso de la comida como una sustancia que altera el estado de ánimo.

En el otro lado de la cadena alimenticia se encuentran los desórdenes alimenticios conocidos como *anorexia nerviosa* y *bulimia nerviosa*.

La *persona anoréxica* sufre de una pérdida extrema de peso causada por dificultades emocionales, no físicas. Las interacciones espirituales, emocionales y sociales complejas, combinadas con una imagen retorcida del cuerpo, hacen que se aborrezca cualquier peso ganado. En otras palabras, la *anorexia nerviosa* significa una *pérdida nerviosa del apetito*.

La *bulimia* es una condición caracterizada por un atracón de comida —donde se consumen cantidades increíblemente grandes de comida en un corto período de tiempo— después de lo cual la persona se induce el vómito o abusa de laxantes con el objetivo de purgar los alimentos. El término *bulimia* se deriva de una palabra compuesta en griego que significa hambre-buey (hambriento como un buey). Así que *bulimia nerviosa* se traduce por lo general como *hambre nerviosa*.

La vasta mayoría de las personas anoréxicas y bulímicas

son mujeres de la clase media y alta. La obesidad ataca de forma similar. El comienzo de la anorexia y la bulimia tiende a ocurrir cerca de la pubertad, pero sus raíces pueden rastrearse incluso más profundo, hasta problemas de autoimagen en la niñez. La pubertad puede ser un activador (entre varios) debido a que el aumento de la anchura y la curvatura del cuerpo femenino provocan temores con respecto a la gordura, el hecho de dejar atrás la niñez, el desempeño en un contexto de adultos, el fracaso, la pérdida de control, la sexualidad y la angustia generalizada.

DAME UNA SEÑAL

En *Walking a Thin Line* [Caminar por la línea delgada], Pam Vredevelt y Joyce Whitman identifican las características claves de la anorexia y la bulimia[2].

Anorexia nerviosa	Bulimia nerviosa
• Inanición voluntaria que a menudo lleva a estar demacrada y algunas veces a la muerte.	• Hartarse en secreto. Puede ocurrir con regularidad y sigue un patrón (la ingestión durante un atracón de comida puede variar desde mil hasta veinte mil calorías).
• Atracones de comida ocasionales, seguidos de ayunos, abuso de laxantes, o largas temporadas de inanición.	• Atracón seguido de ayuno, abuso de laxantes, vómitos autoinducidos u otras formas de purgar (o la persona podría masticar la comida pero escupirla antes de tragarla).
• Cese de los períodos menstruales o el inicio de los mismos si la anorexia ocurre antes de la pubertad.	• Períodos menstruales que pueden ser regulares, irregulares o estar ausentes.
• Ejercitación excesiva.	• Glándulas inflamadas en el cuello debajo de la mandíbula.
• Las manos, los pies y otras partes del cuerpo están siempre frías.	• Caries dentales y pérdida del esmalte dental.
• Piel reseca.	
• El cabello de la cabeza puede adelgazar, pero pueden	

aparecer vellos en otras partes del cuerpo.

- Depresión, irritabilidad, decepción, culpabilidad, autorechazo.

- Pensar que uno está muy gordo aun cuando está demacrado.

- Interés obsesivo en la comida, las recetas y cocinar.

- Rituales que involucran comida, ejercicio y otros aspectos de la vida.

- Perfeccionismo.

- Introversión y alejamiento.

- Se mantiene un control rígido.

- Vasos sanguíneos rotos en el rostro.

- Bolsas debajo de los ojos.

- Perdida del conocimiento.

- Palpitaciones del corazón rápidas o irregulares.

- Malestares y problemas estomacales e intestinales varios.

- El peso puede a menudo fluctuar debido a períodos alternos de atracones y ayunos.

- Deseo de relacionarse y obtener la aprobación de otros.

- Pérdida del control y temor de no poder detenerse una vez que comience a comer.

Agréguele a esas características estas indicaciones de anorexia y bulimia.

Anorexia nerviosa

- La persona no solo se ve delgada, sino anormalmente demacrada.

- Extrema atracción o rechazo al lenguaje y las conductas que se relacionan con la comida.

- Ropa muy suelta para esconder la figura.

Bulimia nerviosa

- Idas increíblemente frecuentes al baño.

- Fijación anormal con el ejercicio a pesar de cualquier cosa.

- Cortadas y callos en los nudillos y manos.

- Vehículo o armario con olor vómito.

PLAN DE ACCIÓN: INVOLÚCRATE

- Enséñale a tu hijo sobre los desórdenes alimenticios. Tu razonamiento: su conducta destructiva puede ser peligrosa y aun mortal.

- Si tienes problemas con la comida, identifícalos y da los pasos necesarios para recuperar tu salud.
- Enséñales y modela una nutrición saludable, incluyendo refrigerios saludables.
- Involucra a tu hijo en conversaciones generosas y francas cuando veas características y señales de desórdenes alimenticios.
- Si tienes la certeza de que un desorden alimenticio no identificado está causando un caos en la vida de tu hijo, considera realizar una *intervención*. (Ver la sección 3.3).
- Obtén la historia detrás de la historia. Si un desorden alimenticio es el problema presente, el asunto central podría ser:
  - Amenaza sexual: Existe una extraña coincidencia entre los desórdenes alimenticios y el abuso sexual. Según algunos datos, más del ochenta por ciento de las mujeres tratadas por desórdenes alimenticios se identificaron a sí mismas como víctimas de acoso y violencia sexual. La obesidad y la inanición pueden ser intentos de alejarse de todo lo relacionado con el sexo. El aumento de tamaño puede ser una forma de ganar fortaleza para protegerse contra futuros abusos. Trabaja con el abuso sexual y el problema con la comida tenderá a arreglarse solo.
  - Temor a engordar: Algunos jóvenes son hostigados por su peso hasta el punto de la obsesión. Trabaja con sus necesidades de autoimagen y autoestima.
  - Temor a abandonar la niñez: Algunos jóvenes encuentran que la adolescencia es algo amenazador. Averigua por qué.
  - Temor a conducirse en contextos de adultos: Algunos jóvenes se sienten intimidados por las expectativas de los adultos. Averigua por qué y procura aliviar la presión.
  - Temor al fracaso: Existe una alta incidencia de

perfeccionismo entre las personas anoréxicas y un deseo de complacer a las personas entre las bulímicas. Averigua qué significado le da un joven al fracaso y por qué.

- Pérdida del control: Algunos adolescentes anoréxicos y obesos están marcando su espacio personal, donde un adulto al que desprecian y temen no puede entrar. *Pueden presionarme todo lo que quieran, pero no pueden hacerme comer.* Averigua por qué un joven se siente intimidado, impotente o fuera de control, y ayúdalo a lidiar con eso.

- Angustia generalizada: Muchos adolescentes tienen experiencias y percepciones del mundo que los hacen sentir ansiosos y temerosos de asumir responsabilidades. La comida es una sustancia sorprendente, barata y legal que altera el estado de ánimo. Se trata de la comida como automedicación. Así como con el abuso del alcohol y otras drogas, no lo harían si no les funcionara. Averigua por qué un joven siente temor, y ayúdalo a enfrentar y vencer su miedo. (Ver la sección 4.18).

- No dudes en pedir refuerzos cuando crees que el problema es mayor de lo que puedes manejar. Dicho esto, es bueno aclarar que no ocurren milagros en los tratamientos, y muchos adolescentes se escapan de las relaciones de consejería y los programas de ayuda, así que:

  - Planifica estar involucrado a largo plazo. Todos tienen que enfrentarse a la comida casi todos los días. Por lo tanto, el presente problema no puede ser aislado de la vida normal. El adicto a la comida que se está recuperando necesita saber que entiendes su lucha.

  - Reconoce su temor (por lo general mezclado con frustración y expresado por medio de la ira) y aprende tanto como te sea posible sobre los desórdenes alimenticios. No retrocedas.

Los desórdenes alimenticios con frecuencia incluyen un componente familiar que se encuentra debajo del problema presente. Eso significa que resolver los problemas alimenticios por lo general requiere abordar ciertos problemas familiares.

- Relaciónate con tu hijo en problemas con gracia, sensibilidad y el conocimiento de que la solución toma tiempo.

4.10 INICIACIÓN DE **NOVATOS**

JH: En mi secundaria se llevaba a cabo un ritual que me enojaba. Se había estado practicando desde que todos podían recordar. El último día de la práctica de fútbol americano (el día antes del último partido de la temporada), una vez que los entrenadores abandonaban el campo, los mayores del equipo se alineaban entre los postes y hacían que los más jóvenes pasaran a través de ellos. Era la última oportunidad para los mayores de demostrar su «aprecio» por sus compañeros de equipo.

Siendo un estudiante de segundo año, vi cómo los chicos mayores les daban una paliza a los menores. Recuerdo a Charlie Pope sobre mí, golpeando mi casco antes de levantarme. En mi tercer año me libré con mayor facilidad porque era un titular. Habíamos tenido una temporada frustrante, pero aparentemente ninguno de los jugadores mayores estaba demasiado frustrado conmigo.

Al año siguiente, Ted Strauss y yo éramos capitanes del equipo. El último día de práctica llegó, pero ese año nuestro partido final sería por el campeonato estatal. En veinticuatro horas estaríamos en los vestidores de los Seminoles de la Estatal de Florida, preparándonos para salir ante un estadio repleto y ganar o perder el título estatal.

Antes de esta última práctica, hubo una breve discusión entre los jugadores mayores acerca del valor de la tradición. Como la opinión cambiaba de mantener la tradición a trabajar en equipo, un par de chicos expresaron su frustración al no tener la oportunidad de hacerle a alguien más lo que les habían hecho a ellos durante los años anteriores. En última instancia, nadie quería la venganza más de lo que deseaba ganar el campeonato estatal. Cuando los entrenadores nos dejaron solos en el campo aquel día, llamamos al equipo y nos reunimos, gritamos, saltamos y dejamos circular toda la adrenalina que teníamos. El ritual terminó con un poderoso grito, y todos corrimos por los postes juntos.

Hasta donde sé, la tradición de la golpiza murió ese día. Al día siguiente, ganamos el campeonato estatal.

No pienso que los deportes organizados sean inherentemente defectuosos, pero creo que tengo amplia evidencia de que las *personas* lo son. La ira que muchos de nosotros sentíamos en aquellos días no desapareció simplemente porque escogimos no golpear a nuestros compañeros de equipo más jóvenes. Se fue a otro lugar. Me alegro de que no generáramos más ira en los chicos menores al victimizarlos.

Por desdicha, vivimos en una cultura en la que victimizamos a otros regularmente. Hacemos las cosas que nos fueron hechas —las cosas que nos hicieron enojar y enloquecer— y nuestras víctimas hacen esas cosas también. El ciclo casi nunca termina hasta que alguien nada contra la corriente lo suficiente para preguntar: «¿Esto nos ayudará a ganar el campeonato estatal? Porque si no nos sirve, no creo que debamos hacerlo».

La iniciación de novatos es un ritual extraño basado en la vergüenza en el cual la gente fuerte (o privilegiada) humilla a los débiles (o recién llegados) con el fin de iniciarlos para ser parte de una sociedad cerrada. ¿Y no es fascinante que el privilegio de la membresía incluya infligir dolor a los que llegan?

¿Cómo se supone que la iniciación de novatos nos hace mejores personas? No nos hace mejores. Se supone que nos hace leales. Se supone que nos hace partícipes, así que estamos dispuestos a recibir lo que venga. Estamos listos para recibir una paliza en lealtad al equipo.

De los estudiantes de secundaria que alegan que no reportarían la iniciación de novatos, veinticuatro por ciento está de acuerdo con la siguiente afirmación: «Otros chicos harían mi vida miserable». Dieciséis por ciento está de acuerdo con la siguiente aseveración: «Sencillamente no le diría a mis amigos, pase lo que pase»[1].

PLAN DE ACCIÓN: CONSTRUIR MEJORES RITUALES

Así como en el caso de los deportes organizados, no es la *idea* de la iniciación la que hay que cambiar, sino a la gente que lleva a cabo la iniciación. No necesitas abandonar la idea, solamente redímela. Hecha de la manera correcta, la iniciación es un ritual valioso de transferencia que le da la bienvenida a los nuevos al dejarles entrar a los secretos de una comunidad humana y espiritual.

JH: Fui a trabajar a una iglesia que tenía la tradición de secuestrar a la clase de noveno grado un sábado por la mañana. Esa era su forma de iniciarlos en el grupo de jóvenes. Los chicos con licencia de conducir eran enviados con un par de acompañantes a fin de sacar a los pequeños de sus camas mientras aún estaba oscuro. Algunos de los jóvenes mayores disfrutaban al usar camuflaje y pintura en el rostro y emplear alguna soga como parte del secuestro. Por supuesto, los padres estaban al tanto de todo y prometían guardar silencio. Era genial.

Bueno, era genial a menos que fueras uno de los secuestrados, los cuales tendían a sentirse desorientados por la experiencia, a veces incluso molestos, y casi siempre avergonzados (excepto aquellas chicas que recibían algún aviso de una amiga mayor y se sentaban vestidas, esperando que los secuestradores llegaran...

✛

para ellas tal vez todo funcionaba bien). Preguntando un poco, escuché suficientes historias de incomodidad como para entender por qué esa era la última vez que algunos de los chicos venían al grupo de jóvenes.

Así que lo detuve. Pensé que debía haber una mejor manera de darle la bienvenida a la clase que llegaba sin humillarlos y darles un susto de muerte. Algunos de los jóvenes mayores se quejaron durante unos treinta segundos antes de que la mayoría admitiera que a ellos nunca les había parecido totalmente correcto tampoco y nos dispusiéramos a inventar algunos nuevos rituales.

Las iniciaciones efectivas edifican las relaciones y ofrecen un sentido creciente de pertenencia basado en el respeto mutuo y el compañerismo. Cualquier ritual que viola ese espíritu pone en peligro la misión de la organización, ya que pone en peligro el bienestar de los participantes.

- No propicies que tus hijos atraviesen experiencias vergonzosas para ser aceptados por adultos de tu familia.
- Involucra a los adultos de tu comunidad para que cese la iniciación de novatos en las escuelas, los equipos deportivos y los grupos de jóvenes.
- Reúne a un grupo de jóvenes maduros y adultos e ideen juntos rituales nuevos y honrosos para iniciar a los recién llegados e involucrar a los antiguos en la tarea de traspasar la cultura de la comunidad. Armado con esos ejemplos, anima a las organizaciones de tu comunidad a desarrollar formas más creativas de iniciar a los jóvenes más pequeños según vayan creciendo.
- Planifica algo por completo inverosímil, como un día en el que los jóvenes mayores compitan unos con otros para ver quién sirve a los más pequeños.

4.11 **INCESTO**

Nadie desea creer que un pariente adulto pueda victimizar sexualmente a un hijo.

Según la investigación más ampliamente aceptada que conocemos, cerca de un dieciséis por ciento de las mujeres son sexualmente abusadas por un pariente antes de los dieciocho años[1]. Eso significa casi una chica de cada seis. Una reseña literaria sugiere que cerca de un chico de cada doce es víctima de incesto, pero se cree ampliamente que el abuso de los chicos no es reportado, así que el número podría ser más alto[2]. Tomándolo como es, eso significa que existe la posibilidad de que una de cada seis chicas y uno de cada doce chicos que conoces esté en riesgo de ser víctima de alguien que tanto tú como ellos piensan que debe ser confiable.

La probabilidad es alta. Entre los adultos que fueron victimizados por sus madres, un estudio reportado por la Alianza Contra el Abuso Sexual de Nueva York (New York City Alliance Against Sexual Abuse) estima que el sesenta por ciento de las mujeres y el veinticinco por ciento de los hombres padece de desórdenes alimenticios. Ochenta por ciento de las mujeres y todos los hombres reportaron problemas sexuales siendo adultos. Casi dos tercios de las mujeres dijo que los exámenes con los doctores o los dentistas eran aterradores.

Otros estudios referidos por la Alianza reportan una mayor incidencia de culpabilidad intensa y vergüenza, baja autoestima, depresión, abuso de sustancias, promiscuidad sexual y trastorno por estrés postraumático —con síntomas de recuerdos, pesadillas y amnesia— entre los sobrevivientes de incesto que entre aquellos asaltados por extraños[3].

Debido a que es terriblemente difícil admitir que un padre,

tío, hermano u otro miembro de la familia te encuentra sexualmente atractivo y ha actuado con ese impulso, la mayoría de los jóvenes vive en lo que algunos han llamado una «vergüenza silenciosa».

PLAN DE ACCIÓN: ESCUCHA

- Admitir el incesto es en realidad un acto de confianza (a veces de desesperación). No falles en reconocer el valor que involucra. Promete ayudar a la víctima y dale seguimiento a esa promesa. Las víctimas de incesto necesitan saber que su tormento puede y en verdad terminará bien.

- Los adolescentes se sienten más inclinados a hablar con un compañero que con un adulto o cualquier otro miembro de la familia con respecto a una relación incestuosa. Tal vez no te sea posible cambiar eso, pero puedes hacer que funcione a tu favor. Si demuestras franqueza, sensibilidad y compasión en cuanto al tema (al mismo tiempo que una mesurada ausencia de tolerancia hacia los ofensores), existe una gran probabilidad de que te enteres del incesto por medio de la intervención de un amigo o familiar que se preocupa.

- Mantente preparado para lidiar con la tristeza, la ira y el abandono de las víctimas de incesto. No solo sufrieron los abusos de alguien que debía protegerlos y cuidarlos, sino que también existe una buena probabilidad de que el otro padre fallara en actuar durante mucho tiempo.

- Mantente preparado para lidiar con la negación o la resistencia absoluta de los otros miembros de la familia cuando ayudas a un joven a sacar una acusación de incesto a la luz. Utiliza las definiciones de abuso sexual en la sección 4.15 para calificar el cargo.

- Anticipa los sentimientos de culpabilidad, vergüenza y temor en la víctima. Muchos jóvenes han sido llevados a sentirse responsables por la relación incestuosa. Reafirma que la víctima no es la culpable. Sin importar cuál sea la situación, el violador adulto es responsable de lo que ocurrió. Punto.

- Prepárate para lidiar con una profunda confusión si tu hijo experimentó cualquier respuesta sexual a partir de un contacto incestuoso. Ayuda al joven a entender que una respuesta física involuntaria como la erección del pene, la lubricación vaginal o incluso un orgasmo no significa que él «lo haya deseado» o que el contacto fue bienvenido o consensual. La respuesta física no es una causa para culparse uno mismo.

- Pide apoyo pronto. Mientras más cercana sea la relación del ofensor contigo, más difícil te será lidiar con la crisis. Consigue ayuda.

- Si estás dudando, pídele consejo a alguien que esté obligado a reportar el asunto. En la mayoría de los estados, las personas involucradas en la salud física y mental, los maestros, los trabajadores sociales, los empleados de las guarderías y el personal de las fuerzas de seguridad se encuentran en la lista de aquellos que tienen la obligación de reportar incidentes sospechosos o comprobados de abuso infantil. Las escuelas patrocinadas por las iglesias y las guarderías están obligadas a reportarlos. Casi la mitad de los estados incluyen a miembros de los equipos pastorales (y por ende a líderes de jóvenes y niños). En otro tercio de los estados, *cualquier* personal —es decir *toda* persona— tiene la obligación de reportar estos casos.

- No permitas que nada te impida completar tu responsabilidad legal. En *The Common Secret* [El secreto común], Ruth y Henry Kempe escriben:

> Cualquiera que sea el trasfondo de la situación, bajo las leyes de *todos* nuestros estados y la mayoría de los países en el extranjero, el abuso sexual de un niño o joven es *siempre* un acto

criminal (por lo general un delito); una enfermedad siquiátrica importante en el violador es un hallazgo relativamente poco común en la vasta mayoría de los casos de abuso sexual, aunque puede ser más común en la violación forzada de un criminal psicópata; y «la terapia» lidia solo con una parte del problema[4].

- Actúa defendiendo los mejores intereses del menor. La mayoría de los estados cuenta con equipos multidisciplinarios y políticas cuidadosamente desarrolladas diseñadas para proteger los mejores intereses del menor y trabajar para mantener a las familias intactas durante el proceso de intervención. El estándar de conducta estabiliza la salud y la seguridad de los más vulnerables primero, luego busca restaurar el equilibrio de la familia[5].
- Establece una red de relaciones con el personal de los centros educativos, los cuales, por cierto, son los que primero reportan un gran porcentaje de los abusos. Incluye a un administrador del lugar de estudios o consejero en tu círculo de confianza de tal manera que al menos le pidan a los maestros y entrenadores que se mantengan observando a tu hijo y te informen si ven problemas después que se cierre el asunto del incesto. Ellos no necesitan conocer todos los detalles; solo lo suficiente para saber que tu hijo está atravesando por aguas profundas y quizás requiera un cuidado adicional.
- Mantente preparado para brindar hospedaje temporal. El pensamiento de ser responsable de la ruptura de su familia es aterrador para la mayoría de los jóvenes, sin importar el abuso que hayan sufrido. Una forma de ayudar a mantener a la familia intacta es facilitando el traslado temporal del hogar del miembro de la familia ofensor —o resulta aun más seguro trasladar a la víctima— durante la evaluación del riesgo y el desarrollo del plan de

acción. Por lo general es más difícil encontrar personas que estén dispuestas a darle la bienvenida al «violador» a su hogar, pero no ignores la posibilidad. Existen comunidades cristianas dispuestas a cuidar tanto a la víctima como al acusado (quien puede estar en riesgo significativo de lastimarse a sí mismo después del cierre del asunto).

- Mantente cerca del niño o joven victimizado. Revelar detalles sucios de una relación incestuosa es una prueba espantosa para casi cualquier persona. De forma tradicional, la primera vez que una víctima cuenta la historia es solo el inicio de una serie de interrogatorios y procedimientos investigativos. En la actualidad, equipos multidisciplinarios de intervención de los Servicios de Protección de Menores son responsables de reducir el trauma que algunos niños y jóvenes sufren como resultado de un crimen contra ellos. El equipo está entrenado en los aspectos legales, sicológicos y familiares de una investigación a fondo. El resultado es que los menores son librados de la agonía de tener que contar su historia de horror una y otra vez a grupos de personas diferentes. Sin embargo, no dependas solo de ellos. Haz lo que sea necesario para mantenerte cerca todo el tiempo.

- Mantente alerta a las señales de conductas autolesivas listadas en la sección 5.5. Una vez que le han contado a alguien acerca del incesto, no es inusual que los jóvenes entren en un período de alto riesgo de suicidio, abuso de drogas y otras conductas autodestructivas. Rodea a la víctima con una protección amorosa y haz que le cueste aislarse de ese cuidado.

4.12 TRASTORNO POR **ESTRÉS POSTRAUMÁTICO**

El trastorno por estrés postraumático es un problema de ansiedad que a veces se desarrolla como resultado de sucesos aterradores en los cuales un niño ha presenciado, se ha sentido amenazado o ha sido víctima de un asalto o una lesión corporal. Este trastorno no es universal, de ninguna manera. La mayoría de las personas expuestas al desastre, por ejemplo, no experimentan efectos mayores de salud mental, y aquellos que sí los experimentan tienden a recuperarse en un par de años. Sin embargo, pueden ser dos años muy difíciles, incluyendo memorias vívidas, pensamientos molestos y pesadillas, parálisis emocional o hiperexcitación, dificultades para dormir, depresión, ansiedad, dolores de cabeza, trastornos estomacales, mareos, dolor en el pecho, irritabilidad, estallidos de ira y sentimientos de intensa culpabilidad. Ninguna de estas experiencias está fuera de la norma como consecuencia inmediata del trauma. Cuando los síntomas persisten más allá de un mes, un profesional de la salud mental puede diagnosticar el trastorno por estrés postraumático.

JH: Hace como un mes vi de repente a mi vecino atropellar con su vehículo la pata de mi perra mientras dormía. Había mucha gente gritando alrededor, así que rápidamente captó el mensaje de que debía detener el vehículo. Mientras tanto, la perra estaba asustada y gritaba de dolor. Mis ojos se encontraron con los suyos y sentí la intensidad de su dolor mientras corría a consolarla.

Resultó que la lesión de la perra y el daño para el conductor no fueron tan graves. Todo lo que termina bien está bien. No obstante, todavía ayer experimenté un profundo dolor debido a un recuerdo repentino y vívido del pánico que vi en los ojos de mi perra cuando me distinguió entre la multitud. Eso es el estrés postraumático; es normal y por sí solo no representa un *trastorno por estrés postraumático*.

A la miseria le encanta la compañía. El trastorno por estrés postraumático en su máxima expresión puede estar acompañado de conductas adictivas y autolesivas, dudas, paranoia, paros sicóticos, depresión severa, conformidad excesiva, temor a la intimidad, y un sentido creciente de impotencia, desesperación y angustia.

El trastorno por estrés postraumático puede desencadenarse debido a un asalto personal violento, una violación o un ataque; por desastres o accidentes naturales o causados por los seres humanos; o como resultado de combate militar. Cerca del treinta por ciento de aquellos que pasan tiempo en las zonas de guerra sufren de trastorno por estrés postraumático. Las personas que se sobrepusieron a un abuso en la niñez u otro trauma previo tienen de alguna forma más posibilidad de experimentar un trastorno por estrés postraumático.

Antes se creía por lo general que la parálisis emocional que seguía a un trauma era una señal de nuestra capacidad para recuperarnos. La sospecha que crece entre los investigadores hoy en día es que las personas que exhiben un alejamiento emocional después de un trauma pueden estar más dispuestas a sufrir de un trastorno por estrés postraumático que las que expresan una gama más amplia de emociones[1].

PLAN DE ACCIÓN: HABLA

La buena noticia es que hablar al respecto ayuda. Desde que el diagnóstico fue reconocido en el *Diagnostic and Statistical Manual of Mental Disorders* [Manual de diagnóstico y estadística de los trastornos mentales] de la Asociación Siquiátrica Estadounidense en 1980, un cuerpo de investigación ha establecido la efectividad de la terapia cognitiva-conductual y la terapia grupal (ambas fundamentadas en hablar) para sobreponerse al trauma. Los medicamentos pueden ayudar a aliviar los síntomas relacionados de la depresión, la ansiedad y el insomnio, pero esto no es necesariamente indicado para una recuperación a largo plazo.

Algunos estudios muestran que mientras más temprano hablemos es mejor cuando atravesamos un trauma debido a sucesos catastróficos. Luego de un huracán en Hawai, un estudio de doce mil niños en edad escolar descubrió que, dos años más tarde, aquellos que habían recibido consejería pronto después de la tormenta se encontraban mejor que los que no habían recibido ese tipo de ayuda[2].

Si sospechas de la existencia de un trastorno por estrés postraumático, puedes ser un consejero que brinda ayuda significativa a aquel que lo sufre al proveer un espacio seguro para hablar. Luego, tan pronto como sea posible, lleva a tu hijo a un profesional de la salud mental que tenga experiencia en el tratamiento de personas que sufren estrés postraumático. Si el incidente en cuestión es algún tipo de desastre masivo —ya sea natural o causado por los seres humanos— tu hijo casi seguramente se beneficiará al hablar con algunos de los sobrevivientes. Haz lo que esté a tu alcance para facilitar este tipo de contacto en un ambiente saludable.

4.13 EMBARAZO

Al escribir estas líneas, existe menos actividad sexual entre los adolescentes en general, y un número cada vez mayor de adolescentes sexualmente activos reportan el uso de condones y pastillas de control natal a fin de disminuir la probabilidad de embarazo. Sin embargo, todo esto no tiene sentido si tu hija o la novia de tu hijo te dice que no tuvo su menstruación.

Si esto sucede, respira profundo, ora por sabiduría, y prepárate para una intervención larga y transformadora de vida.

PLAN DE ACCIÓN: PROTEGE TANTAS VIDAS COMO SEA POSIBLE

- No te apresures a juzgar. Escucha profundamente.
- Averigua por qué ella cree que está embarazada.
- ¿Visitó a algún doctor?
- ¿Cuánto tiempo tiene?
- ¿Cómo está su salud?
- ¿Cómo está manejando el asunto desde el punto de vista emocional?
- ¿Cuál es el estado de la relación entre la madre y el padre?

Mantén la calma. Si ella no se ha sometido a un examen confiable de embarazo, ese es un buen próximo paso para dar, seguido de cerca por una evaluación médica que incluya un examen de enfermedades de transmisión sexual. (Hay más sobre esto en la sección 4.17).

Si tu hijo es el padre, pon sus pies sobre la tierra. No lo ayudarás si lo proteges de las consecuencias naturales y lógicas de su conducta.

Pregúntale a tu hijo o hija cuál creen que es el siguiente paso que deben dar. Si la chica se inclina hacia el aborto, explora sus razones y percepciones acerca de los posibles resultados de forma tan directa y objetiva como puedas bajo las circunstancias. A menos que estés familiarizado con este camino, no dudes en pedir la guía de alguna persona que conozcas y en la que confíes.

Asumiendo la probabilidad de que aconsejarás contra el aborto, dudamos que logres tu propósito ejerciendo presión antes de dedicar un tiempo considerable a escuchar con profundidad. Como siempre, busca la historia detrás de la historia. El aborto puede parecerle a la chica la única alternativa razonable... donde *razonable* significa evitar extender el dolor de las familias o su pareja sexual.

Al escribir estas líneas, si una chica elige abortar, una docena de estados no requieren el permiso o la notificación de los padres. El resto requiere que uno de los dos padres esté informado de veinticuatro a cuarenta y ocho horas antes del aborto, o que sus padres concedan el permiso por escrito.

Si tu hijo o hija se inclinan al matrimonio, muéstrate tan atento, directo y objetivo como si estuvieras discutiendo sobre el aborto... y actúa rápido para pedir refuerzos, ya que con seguridad te encuentras en un estado emocional exacerbado. Lo mismo si la jovencita está pensando en ser madre soltera.

Aparta un tiempo para reflexionar de manera privada y cuidadosa acerca de lo que significaría convertirte en un abuelo con un bebé a tu cargo. No seas ingenuo ante tal posibilidad.

No es difícil conocer las alternativas de adopción. Escribe la palabra *adopción* en el buscador de Google y encontrarás muchas organizaciones nacionales que ayudan a chicas y mujeres embarazadas que quieren dar a sus bebés recién nacidos en adopción. Si tienes acceso a un líder juvenil de una iglesia, pregunta si su red de trabajo incluye recursos para aconsejar y proveer servicio a las adolescentes embarazadas.

Ayuda a la joven a desarrollar varios escenarios que describan los caminos para llegar a los resultados deseados y no deseados. Haz preguntas que la lleven a considerar los efectos positivos y negativos para cada uno de los involucrados. Reconoce lo que ha comenzado para todos... en especial para la señorita embarazada: No existe una forma fácil de lidiar con esto. Cada decisión que se tome tiene una ola de efectos en otras decisiones y la vida de otras personas. Sabiendo que no hay un camino fácil, ayuda a tu hijo a proteger tantas vidas como sea posible.

4.14 **VIOLACIÓN**

La violación es un crimen violento. Y como en todos los crímenes violentos, el ofensor deja evidencia física en forma de ADN y otras sustancias que lo identifican. Capturar esa evidencia es un factor clave para lograr llevar a cabo los arrestos (y desde que la mayoría de las violaciones y los asaltos sexuales son cometidos por personas conocidas por la víctima, no sería difícil comparar muestras).

Hasta el momento todos saben que iniciar un proceso por cargos de violación no es tan simple como parece. Aun con la evidencia física, probar una violación por la fuerza puede resultar difícil si se cuenta con una defensa legal vigorosa. El tiempo lo es todo. La documentación médica forense de las heridas y la evidencia del ADN en las horas inmediatamente siguientes al ataque es vital para tener un fuerte caso físico. Y las pocas horas inmediatamente siguientes a la violación son justo el tiempo cuando una víctima se encuentra quizás incapacitada desde el punto de vista emocional debido al trauma.

Si el crimen no es reportado en media hora, eso puede con facilidad convertirse en medio día, y cada vuelta del reloj hace más difícil que la víctima lo reporte.

Los efectos de la violación —en especial una violación que no es provocada por la víctima— son bien conocidos: aislamiento, dolor, temor, ira, dudas, falta de confianza, remordimiento, depresión, abuso de sustancias, desórdenes alimenticios, cortaduras, aventuras sexuales y disfunción sexual en los adultos.

PLAN DE ACCIÓN: MANTENTE PRESENTE

- Enséñales a tus hijos e hijas que el sexo forzado nunca, jamás, es permisible en cualquier forma.
- Enséñales a los varones a enseñarles a *otros* varones que el sexo forzado es inaceptable y criminal.
- Enséñales a las chicas que el sexo forzado es un crimen sin importar quién es el ofensor.
- Enséñales tanto a los chicos como a las chicas a reportar el crimen de inmediato. Entrégales números telefónicos y promete dejar lo que estés haciendo y ayudarlos a conseguir atención médica y reportar el crimen las veinticuatro horas de los siete días de la semana durante los trescientos sesenta y cinco días del año.
- Lleva a las víctimas a una unidad de cuidados de emergencia tan pronto como sea posible después de un ataque. Las víctimas adolescentes de violación pueden resistirse a recibir atención médica porque requiere del consentimiento de los padres, y muchos sienten temor de que el examen pueda resultar doloroso. Trata con esa preocupación al hacerles saber que no solo pueden experimentar incomodidad durante el examen, sino que también quizás tengan que enfrentar otros posibles problemas médicos, incluyendo el riesgo de infecciones de transmisión sexual y la posibilidad de un embarazo. No es grato, pero resulta necesario que lo sepan: *En realidad necesitamos que te vea un doctor ahora mismo.*
- El personal médico está obligado a reportar los crímenes sexuales en todos los estados. Y los requerimientos legales pueden necesitar exámenes médicos adicionales. Mantente con la víctima durante ese proceso. No tienes que hablar; solo tienes que estar allí.
- Mantente presente en los meses siguientes. Los sistemas médicos y los agentes del orden público

se han vuelto relativamente sensibles con las víctimas de violación y los testigos. Muchos departamentos de la policía emplean a mujeres para entrevistar a las víctimas femeninas de violación y asalto sexual. Los programas de asistencia a las víctimas trabajan para hacer que las apariciones en la corte sean más tolerables. Puedes servir de ayuda al brindar perspectiva, otro par de oídos, aceptación y apoyo constante a lo largo de las disposiciones legales, reuniéndote con la policía y apareciendo en la corte.

- Tan pronto como sea posible, busca a un psicoterapeuta con experiencia en la recuperación luego de un asalto sexual.

- Considera sugerirle a tu adolescente que asista a un grupo de personas que haya sobrevivido a una violación.

- Prepárate para hacerle frente a una confusión profunda si el joven experimentó una respuesta sexual como resultado del asalto. Una erección involuntaria, la lubricación vaginal o hasta un orgasmo no significa que él o ella «lo quisiera» o que el asalto fue algo bueno o de mutuo acuerdo. La respuesta física reflexiva no debe provocar culpa.

- Prepárate para ayudar a la víctima a lidiar con los temores persistentes, las dudas espirituales, la ansiedad social y las emociones confusas. Mantente presente el tiempo que sea necesario.

4.15 ABUSO **SEXUAL**

Primero, la ley.

La Cámara Nacional de Abuso y Descuido Infantil del Departamento de Salud y Servicios Humanos de los Estados Unidos define el abuso sexual a un menor como:

> Un tipo de maltrato que se refiere a la participación de un menor en una actividad sexual para proveerle gratificación sexual o beneficio económico al perpetrador, incluyendo contactos con propósitos sexuales, molestar sexualmente, violación, prostitución, pornografía, exposición, incesto, u otras actividades sexualmente explotadoras[1].

El glosario de Child Welfare Information Gateway incluye ciertos refinamientos adicionales:

> Abuso sexual: Conducta sexual inapropiada de un adolescente o adulto con un menor. Esto incluye acariciar los genitales del menor, hacer que el menor acaricie los genitales del adulto, penetración, incesto, violación, sodomía, exhibicionismo, explotación sexual o exposición a la pornografía[2].

Cualquiera de estos actos cometidos por «una persona responsable del cuidado de un niño [...] o relacionada con el niño» (por ejemplo, un padre, guardián o tutor, pariente, líder juvenil, maestro, niñera, consejero de campamento, etc.) se clasifica como abuso sexual. (Para más información sobre incesto, ver la sección 4.11). Las alegaciones de abuso sexual son investigadas bajo las directrices de las agencias de servicios de protección de menores de cada estado. En la mayoría de los casos, estos actos son ofensas criminales también. Cualquiera de estos actos perpetrados por alguien no relacionado con el menor es clasificado como asalto sexual, que es siempre un acto criminal manejado por la policía y las cortes criminales[3].

TRES CATEGORÍAS DE ABUSO SEXUAL DE MENORES

1. Sin contacto: Voyerismo, exhibicionismo, producción o compra de pornografía infantil, exposición a las actividades sexuales de adultos.
2. Con contacto: Molestar sexualmente, penetración, incesto, pornografía infantil.
3. Forzado o físicamente violento: Violación, sadismo, masoquismo, pornografía infantil.

Abuso sexual sin contacto

El abuso sexual de menores o adolescentes no requiere en realidad el contacto físico.

Un *voyeur* puede masturbarse mientras fantasea o mira secretamente a menores o adolescentes. Muchas veces buscan trabajo o posiciones como voluntarios en guarderías, escuelas, campamentos, programas juveniles de la iglesia, programas extracurriculares y centros de la comunidad frecuentados por menores o adolescentes.

Los pedófilos exhibicionistas reciben estimulación sexual al exponer sus genitales a la vista de menores.

La pornografía infantil involucra producir o procesar cualquier representación visual de un menor en una conducta sexualmente explícita, según lo define el Código 2252 de los Estados Unidos:

- «Menor» significa cualquier persona menor de dieciocho años.

- «Conducta sexualmente explícita» significa ya sea real o simulado:
  - Unión sexual, incluyendo genital-genital, oral-genital, anal-genital u oral-anal, bien entre personas del mismo sexo o del sexo opuesto.
  - Bestialidad.
  - Masturbación.
  - Abuso sádico o masoquista.
  - Exhibición lasciva de los genitales o el área púbica a cualquier persona[4].

La exposición a las actividades sexuales de adultos incluye situaciones en las cuales los menores son animados, invitados o forzados a ver a adultos involucrados en actividades sexuales con otros adultos o menores.

Abuso sexual con contacto

Molestar sexualmente incluye el contacto inapropiado; las caricias o besos a un menor en los pechos o los genitales; o incitar o provocar a un menor a tocar, acariciar o besar los pechos o genitales de un adulto.

El acto sexual, para propósitos legales, incluye genital-genital, oral-genital, anal-genital, u oral-anal, ya sea entre personas del mismo sexo o el sexo opuesto.

Aun en ausencia de la fuerza física, la unión con un menor se considera una *violación*. Diferentes estados tienen leves variaciones en cuanto a la edad en que los menores legalmente pueden consentir a la unión sexual. La mayoría de los estados establecen la edad de consentimiento a los dieciocho, algunos a los dieciséis, y un par a los catorce y quince.

El incesto es la actividad sexual que ocurre entre miembros de la familia. En la mayoría de los casos de abuso sexual que involucran a niños mayores de doce, el perpetrador es alguien conocido, amado y muchas veces relacionado con el menor. Puede ser un padre, hermano, abuelo, padrastro, tío, primo u otro miembro de la familia.

Asalto sexual forzado o físicamente violento

La *violación* es el acto sexual forzado o el intento de unión sexual cometido contra una mujer, un hombre, una niña o un niño en contra de la voluntad de la persona y sin su consentimiento. Ante la ley, no existe tal cosa como sexo de mutuo acuerdo entre un adulto y un niño. El acto siempre constituye una violación. (Para saber más sobre cómo ayudar a las víctimas de violación, ver la sección 4.14).

El *sádico* se complace y recibe estimulación sexual al infligirle dolor a otra persona. Los *masoquistas* se estimulan cuando se les inflige dolor. Los incidentes de sadismo y masoquismo son raros en los casos de abuso sexual de menores.

Pedofilia

Los *pedófilos* son personas, predominantemente hombres, para las que los menores prepubescentes son objetos de deseo sexual. Dicha atracción no es un asunto que tenga que ver con la ley a menos que el adulto se comporte de forma sexual hacia el menor. La pedofilia puede tener más que ver con asuntos de la edad que con el sexo en sí, y los pedófilos pueden tener actividades sexuales con niños del mismo sexo, el sexo opuesto o ambos sexos. El índice de mujeres adultas con pedofilia es menos frecuente, pero no desconocido.

Un término poco frecuente utilizado para designar a un adulto que demuestra un apetito sexual rapaz hacia los adolescentes varones es *pederasta*. Y a la conducta se le llama *pederastia*. No existe un término correspondiente para aquellos que demuestran un apetito sexual rapaz hacia las chicas adolescentes, lo cual no es sorprendente dada la actitud rapaz generalizada hacia las adolescentes en esta cultura. La expresión más acertada podría ser «*Síndrome Lolita*», tomada de la novela de Nabokov de 1958 titulada *Lolita*. O podrías usar los términos *viejo verde* o *lascivo*.

PLAN DE ACCIÓN: MANTÉN LOS OJOS ABIERTOS

- No existe un método conocido por el cual los pedófilos, pederastas o lascivos puedan ser detenidos antes de su aprehensión por abuso de menores. Así que enséñale a los menores y los jóvenes a reconocer las señales de abuso sexual de antemano, incluyendo el contacto físico inapropiado, los abrazos y los besos.
- Enséñales a tus menores y jóvenes a reconocer señales de seducción, incluyendo el contacto físico que produzca placer, los abrazos y besos, los regalos inapropiados y los sobornos en forma de regalos, privilegios especiales o favoritismos.
- Enséñales a tus menores y jóvenes lo suficiente para entender cómo y por qué la seducción funciona. Esto es importante aun si un menor demuestra ser incapaz de evitar el abuso sexual. Un factor en la recuperación posterior al abuso entre los varones es un nivel de conocimiento sexual que contextualiza cualquier respuesta de placer al abuso a fin de reducir la probabilidad de la culpa abrumadora[5].
- Prepárate para lidiar con una profunda confusión si tu adolescente experimentó cualquier respuesta sexual como resultado de un contacto sexual seductor. Ayúdalo a entender que una respuesta física involuntaria como la erección del pene, la lubricación vaginal o incluso un orgasmo no significa que «lo haya deseado» o que el contacto fue bienvenido o consensual. La respuesta física no es una causa para culparse a uno mismo.
- Enséñale habilidades verbales para negarse.
- Crea una estrategia de escape por medio de la cual un menor tenga la posibilidad de huir ante una amenaza definida y capacítalo para llegar a un lugar seguro donde pueda ser recogido por un adulto en el que confíes.

- Enséñales a tus menores y jóvenes a llamar al número de emergencias y decirle al operador que una persona mayor los está amenazando sexualmente.
- Enséñales a los menores y jóvenes a reportar el abuso sexual pase lo que pase.
- Préstales mucha especial atención a los niños preescolares. Según las estadísticas del Departamento de Justicia, los varones son más vulnerables al salto sexual a la edad de cuatro años[6].
- Préstales especial atención a las niñas de octavo y noveno grado. Según las estadísticas del Departamento de Justicia, las chicas son más vulnerables a la edad de catorce años[7].
- Insiste en que se revise si hay sentencias anteriores por ofensas sexuales entre todos los líderes y voluntarios que trabajan con menores y jóvenes. Si necesitas ayuda, los oficiales locales de las fuerzas del orden público te ayudarán a averiguar si una persona fue sentenciada por un crimen sexual.
- Teniendo claro lo anterior, haz todo lo que puedas de una forma justa y humana. Nadie necesita sentirse como en un juicio si desea ayudar a los jóvenes a crecer íntegros y saludables. Ningún padre necesita sentir que su hijo se encuentra en mayor riesgo del que en realidad corre. Ningún menor necesita sentir sospecha o ansiedad con respecto a las personas que en realidad se preocupan por él o ella. Exhorta a las organizaciones con las cuales tus hijos interactúan a actuar con la debida diligencia antes de poner a cualquier adulto en contacto con los niños y a buscar siempre el balance entre la confianza y la supervisión.
- Motiva a los líderes de las organizaciones juveniles a informar a los padres sobre el proceso de selección de los líderes y voluntarios que lideran a los menores y jóvenes, incluyendo el entrenamiento, la supervisión y la evaluación. Si no estás satisfecho con el nivel de divulgación, motívalos a entrenar a los líderes y voluntarios con estándares

claros acerca de cómo y bajo qué circunstancias pueden tocar a los menores y jóvenes (e informen a los otros padres de estos estándares). No prohíbas el contacto físico apropiado. Una mano en el hombro, los abrazos lado a lado (no pélvicos), alborotar el cabello y otros gestos en general están bien si la persona lo permite, ningún contacto es apropiado si no es bienvenido.

• Compromete a los líderes a entrenar a los voluntarios para reconocer las señales de abuso sexual a menores, incluyendo las muestras de afecto físico indebidas y un contacto físico injustificado.

• Comunícale a tus hijos que serás receptivo a las revelaciones de abuso sexual. Los factores que influencian la probabilidad de que los menores informen a sus padres acerca del abuso sexual incluyen: la edad del menor, la relación con el perpetrador, las amenazas o los sobornos, cómo es percibido el incidente por el menor, el nivel de trauma, y el nivel de confianza entre el padre y el menor. Los menores sienten más confianza para hablar sobre el abuso sexual cuando tienen la seguridad del amor incondicional de sus padres. Los padres que no quieren escuchar malas noticias por lo general no lo hacen hasta que ya todo está muy mal. Alienta la sinceridad y escucha profundamente a tus hijos.

• Mantente alerta a los juegos de los niños que sugieren un conocimiento sexual que va más allá de su edad. Recuerda que la edad pico de la vulnerabilidad para un menor varón es cuatro años. Los niños así de pequeños no pueden describir verbalmente un episodio de abuso por parte de un adulto o un niño más grande, en especial si fueron advertidos de no hacerlo. Si observas una conducta que pueda dar una pista de que algo inapropiado ocurrió, una pregunta que invite como: «Dime cómo sabes acerca de eso» puede hacer que la conversación se inicie (aun si la primera respuesta del niño es evasiva, lo que puede ser otra pista).

- Enséñales a los niños y adolescentes a revelar instancias que creen implican abuso sexual. La lista de conductas al inicio de este capítulo forma parte de una serie de preguntas que pueden hacernos entender mejor la magnitud del informe del niño. A diferencia del pasado, cuando los niños eran victimizados con mayor facilidad porque no sabían que podían decirle que no a los avances sexuales de un niño mayor o un adulto, muchos menores aprenden ahora a decir que no desde temprano, escapar y contarle a alguien. Sin embargo, es posible que los padres no escuchen acerca de episodios de abuso debido a que un menor no es capaz de reconocer que la conducta es mala o abusiva. Quizás no se «sienta» bien, pero un menor tendrá la tendencia a conformarse si conoce al perpetrador a través de la relaciones familiares, las actividades cívicas o la participación en la iglesia. Cuando el niño confía en una persona, tendrá la tendencia a asumir que la actividad es normal aunque no la haya realizado en otro lugar.
- Los adolescentes pueden encubrir el abuso sexual precisamente por la razón opuesta: Ellos reconocen que la conducta es mala, y por razones que parecen tener sentido en ese momento —incluyendo los sobornos y las amenazas— responden con una conformidad culpable en lugar de un desafío airado justificable.
- En casos de incesto, los varones ofensores han sido conocidos por advertirles a los menores que su madre puede morir si descubre lo que ocurrió. Amenazas de daño físico a otros miembros de la familia o las víctimas son suficientes para mantener a los niños atados psicológicamente por un tiempo indefinido. Los favores especiales y la promesa de regalos o privilegios pueden representar una recompensa en un intento de mantener al niño en silencio, aunque tales tácticas se vuelven menos efectivas cuando el pequeño madura.

- También es posible que un adolescente ingenuo pueda no saber que lo que se cometió es un abuso sexual. El aprendizaje según la edad con respecto a la fisiología y la sexualidad es importante para el crecimiento integral de la persona, incluyendo su recuperación si sucediera lo peor.

- El estrés postraumático debe ser agregado a la lista de razones por las que los adolescentes pueden no revelar el abuso sexual, en especial los asaltos sexuales violentos, y aun más si proviene de alguien que conocen. En el 2003, siete de cada diez víctimas mujeres de violación y asalto sexual identificaron a un pariente, un amigo o alguien conocido como el atacante[8]. El *agresor desconocido* es responsable de solo un cuarto de las violaciones, pero el estereotipo lleva a muchas víctimas a no reportar el abuso y el asalto sexual. Solo porque el tipo era su novio no se altera el hecho legal de que la penetración forzada es violación. Solo porque se trataba del tío Bud no cambia el hecho de que las caricias forzadas son abuso sexual. Demasiados jóvenes aceptan los incidentes que deberían ser reportados como crímenes, y pueden incluso admitir la responsabilidad por lo que sucedió. Una chica que cree que fue violada porque *incitó a su novio* y luego *él no pudo detenerse* quizás no se arriesgue a recibir un castigo mayor al contárselo a sus padres.

- Es posible que solo aprendas sobre el asalto sexual porque el trauma físico del ataque requiere atención médica y las clínicas médicas y las unidades de emergencia solicitan el consentimiento de los padres antes de tratar a un menor. En ese caso, concéntrate en el bienestar de tu hijo en lugar de en tu tristeza.

JH: No sé si escuché esto en algún lado o solo reconocí el patrón; solo estoy seguro de que hubo un cambio en la profundidad y la amplitud de mi trabajo con los adolescentes cuando me percaté de que casi cualquier problema significativo relacionado con ellos que mencionara en forma seria era seguido —usualmente muy rápido— por un joven que quería hablar conmigo acerca de ese tema. Nunca conocí a un joven que luchara con los desórdenes alimenticios hasta que mencioné en una plática con el grupo de jóvenes que mucha gente lucha con ese problema. Después de eso, nunca dejé de contar con personas que quisieran ayuda con los desórdenes alimenticios. Lo mismo es cierto en cuanto al abuso sexual, la violencia, las adicciones a ciertas substancias y las compulsiones sexuales. Los adolescentes están buscando puertas abiertas. Prefiero que pasen por nuestras puertas que por otras que puedo imaginar.

SEÑALES DE ABUSO SEXUAL

De alguna forma es más fácil identificar las señales de abuso en los niños pequeños que en los adolescentes.

- Mantente alerta a los niños que, por su lenguaje y conducta, indican un conocimiento y una experiencia en la sexualidad que excede a la curiosidad demostrada cuando los niños pequeños juegan al doctor.
- Los niños que sufrieron un abuso sexual reciente pueden mostrar señales físicas, como la ropa interior manchada o dolor cuando se sientan o caminan.
- Los niños abusados pueden ser excesivamente físicos en su despliegue de emoción.
- Los niños abusados pueden no saber cómo expresar de modo apropiado sus muestras de afecto.
- Los niños abusados pueden sentirse notablemente temerosos de lo que interpretan como avances hacia su cuerpo (una simple mano en el hombro, por ejemplo).
- El retraimiento emocional y físico de las relaciones es común entre los niños sexualmente abusados.

Las víctimas adolescentes por lo general desean que alguien intervenga en su lugar, pero encuentran que el riesgo de revelar lo ocurrido es muy difícil de correr. He aquí algunas cosas que debemos buscar en combinación:

- Letargo.
- Síntomas de estrés postraumático que incluyen recuerdos, pesadillas y terrores, aislamiento sin precedente, hipersensibilidad emocional y retraimiento.
- Conducta autolesiva que incluye cortarse, quemarse o rasguñarse.
- Actividad sexual sin precedentes.
- Continuas muestras de afecto indebidas y un afecto físico inapropiado hacia los adultos.
- Depresión profunda inesperada.
- Nerviosismo sin precedente, ansiedad o irritación.
- Desórdenes alimenticios. Un inusual porcentaje de las mujeres que sufren desórdenes alimenticios (más del ochenta por ciento, según algunos datos) son víctimas de abuso o asalto sexual.

4.16 CONFUSIÓN DE LA
IDENTIDAD SEXUAL

Lo que un joven cree en cuanto a su identidad sexual afecta todo: sus sentimientos y opciones acerca de sí mismo y los demás; lo que hará y no hará con su cuerpo (o el de otra persona); cómo se cuida; su sentido de lo que significa ser creado a la imagen de Dios; dónde cree que encaja en el mundo; sus sueños, aspiraciones y expectativas... todo.

Así que, ¿cómo llegan las chicas a pensar en ellas como chicas? ¿Y cómo llegan los chicos a sentirse cómodos como chicos, sin importar lo que signifique cómodos? Esta es una gran pregunta.

NATURALEZA CONTRA CRIANZA

En un largo debate, aquellos en un lado del argumento creen que se trata de la *naturaleza*; el esquema y el diseño determinan la identidad sexual. El otro lado cree que todo es cuestión de *crianza*; los chicos y las chicas *aprenden* a ser chicos y chicas en sus familias y comunidades por medio de un proceso que pasa por alto los efectos de la bioquímica.

Actualmente, no existen muchos puristas en el debate de la naturaleza contra la crianza. Solo porque el esquema y el diseño estén en su lugar no significa que las personas sepan cómo actuar. Los hombres y las mujeres biológicamente completos aprenden las particularidades de comportarse como varón y hembra de sus modelos y entrenadores. Las familias, comunidades y culturas desarrollan la *naturaleza* de los pequeños hacia la conducta de niños y niñas. Con el tiempo, la socialización florece (o se marchita) hasta alcanzar los patrones de un hombre y una mujer adultos.

Y la investigación continúa en cuanto a la identidad sexual.

Nuestro gran cuadro

Sin importar lo que los científicos puedan aprender en el futuro acerca de nuestra naturaleza genética, ya sabemos bastante sobre el profundo efecto que las experiencias de la niñez y la adolescencia temprana tienen en la identidad sexual. De estas experiencias formamos un cuadro complicado de nosotros mismos: cómo percibimos lo que experimentamos, qué creemos que significa, dónde colocamos consciente o inconscientemente cada experiencia en el cuadro más grande, y cómo nos comportamos como resultado.

Cuando a un niño le dicen *marica* porque no lanza la pelota bien, esa experiencia se convierte en parte de su gran cuadro. Cuando molestan a una niña por ser *marimacho* debido a que posee una fuerza corporal inusual, eso se convierte en parte de su gran cuadro. Cuando un menor de cualquier sexo es tocado de modo inapropiado por una persona mayor de cualquier sexo, ese contacto aparece en algún lugar del gran cuadro. Cuando se les pregunta a los adolescentes si son gays o lesbianas, esas preguntas son introducidas en el gran cuadro, ya sea conscientemente o no.

¿Y qué hacen las personas con el gran cuadro? Ese es el rompecabezas. Por qué una persona se vuelve promiscua y otra sexualmente reprimida, mientras una tercera parece funcionar según líneas por completo convencionales, es tan difícil de explicar como de predecir. Por qué una persona llega a sentirse más atraída a la forma masculina y otra a la femenina es también un misterio igual de complicado. ¿Quién sabe dónde comenzar a desenredar la madeja que crea la atracción sexual hacia los menores, los animales o una lista de fetiches sexuales demasiado larga y complicada para catalogar aquí e incluso explicarla?

La historia detrás de la historia

Sabemos esto: Detrás de cada historia hay una historia. La mayoría de las veces (no todas, pero sí la *mayoría*), cuando escuchamos la historia detrás de la historia, lo que la gente hace (o hizo) de repente llega a tener mucho sentido. No es que la historia detrás de la historia sea una excusa para los actos ilegales o inmorales, pero ayuda a interpretarlos.

Así que, ¿qué tiene esto que ver con la identidad sexual? Para la mayoría de nosotros, nada. Aun si aceptamos el estimado más entusiasta del número de homosexuales o bisexuales, sabemos que el noventa por ciento de nosotros nunca haremos una sola decisión concerniente a la homosexualidad o la bisexualidad. Aunque siendo realistas, unos cuantos de nosotros tendrán experiencias sexuales que son confusas, incluso molestas, que no tienen nada que ver con *ser* homosexual o bisexual.

Dicho lo anterior, todos sabemos que no existe excusa para la mala conducta. El chico que seduce a las chicas no es mejor que el que seduce a otros chicos. Ambos son seductores. Y eso tiene algo que ver con todos nosotros, porque independientemente de la conversación acerca de la identidad sexual, nadie tiene el derecho de seducir a otra persona.

Dame una señal

Las crisis de identidad sexual son autodefinidas. Aparte de la mayoría de amaneramientos o conductas extremas, en realidad no existen señales de una confusión en cuanto a la identidad sexual. Los hombres delicados y las mujeres rudas están dentro del rango normal para su sexo. Tener un gran sentido del estilo o amar ciertos deportes son medidas ridículas para determinar la identidad sexual de una persona. Tal vez puedes llenar una página entera con estereotipos masculinos y femeninos que son igual de vacíos. La familia y los amigos —y *en especial* la gente extraña— no deben imponer su voluntad en un adolescente que atraviesa una crisis de identidad sexual.

PLAN DE ACCIÓN: HABLA DE FORMA DIRECTA

- No hagas bromas acerca de la identidad sexual en público o en privado.
- No escuches bromas acerca de la identidad sexual de un joven en público o en privado.
- No toleres bromas acerca de la identidad sexual de un joven en tu familia.
- Si es necesario, resuelve tu propia identidad sexual y tus elecciones de conducta.
- Toma *muy* en serio el hecho de que tu hijo esté dispuesto a hablar contigo acerca del problema de la identidad sexual. No hacerlo puede dejar a tu hijo solo enfrentando una serie de riesgos atemorizantes.

Los adolescentes que se autoidentifican como bisexuales u homosexuales, aquellos que tienen encuentros eróticos con el mismo sexo, o los que reportan atracción o relaciones románticas con el mismo sexo, corren un mayor riesgo de:

- Asalto: Cuarenta y cinco por ciento de los hombres homosexuales y veinte por ciento de las mujeres homosexuales reportaron haber sido verbal o físicamente asaltados durante la secundaria, en especial debido a su orientación sexual. Ellos tienen entre dos y cuatro veces más probabilidades de ser amenazados con un arma en la escuela.
    - Abandonar la escuela, ser expulsado de su casa y vivir en la calle.
    - Usar de forma frecuente e intensa tabaco, alcohol, marihuana, cocaína y otras drogas en un estado temprano.
    - Tener relaciones sexuales, múltiples parejas y ser violados.
    - Padecer de enfermedades de transmisión sexual, incluyendo el VIH (las chicas homosexuales tienen el menor riesgo de infecciones

de transmisión sexual, pero es casi seguro que las adolescentes lesbianas hayan tenido relaciones sexuales con hombres, en cuyo caso el riesgo se mantiene).

- Suicidio: Son de dos a siete veces más propensos a intentar suicidarse que sus compañeros que se identifican como heterosexuales.
- Problemas psicosociales: Estrés, violencia, falta de apoyo, problemas familiares, amigos suicidas y carencia de un lugar para vivir[1].

- Si eres parte de una comunidad de adoración, enséñales a los líderes juveniles a tener un enfoque integral de la sexualidad. (Para perder la vergüenza, usa *Sexo del bueno* o *Lo que (casi) nadie te dirá acerca del sexo* de Jim Hancock y Kara Powell como recurso del grupo de jóvenes).

- Deja claro que estás dispuesto a hablar sobre cualquier problema de conducta sexual o identidad sexual de manera respetuosa, honesta y franca.

- Si tienes convicciones bíblicas acerca de la identidad sexual, no utilices la Biblia selectivamente para sacar conclusiones sobre algún punto o acorralar a alguien contra la pared.

- No hagas distinciones entre lujuria heterosexual, homosexual y bisexual. La lujuria es lujuria. La implicación de que tu lujuria es de alguna manera mejor que la de tu vecino es simplemente ridícula.

- Haz distinciones claras entre experiencias sexuales e identidad sexual. Muchos menores experimentan varios niveles de juegos preadolescentes con el mismo sexo y otros menores. Más tarde, muchos ven estas experiencias como juegos de niños. Unos cuantos le dan un mayor significado a esas experiencias al mirar en retrospectiva y necesitan la seguridad de que se trata de una experiencia bastante común del crecimiento. La introducción de un niño mayor, un adolescente o un adulto en la historia cambia la experiencia de un juego de niños a un encuentro sexualmente abusivo. Algunas víctimas de abuso sexual en la niñez o la adolescencia temprana llegan a creer que quizás son homosexuales porque participaron en actividades sexuales con el mismo sexo, o bisexuales debido a sus encuentros con personas de ambos sexos. Establece la distinción entre el abuso sexual en la niñez y la identidad sexual madura. Algunos adolescentes que dicen sentirse atraídos por personas del mismo sexo, al crecer se definen como heterosexuales.

- Recuerda esto: No tienes voto en las actitudes sexuales de un joven, ni en sus creencias o conductas, más de lo que él puede votar sobre las tuyas. Puedes escuchar, aprender, aconsejar, enseñar, procurar entender y persuadir, pero no puedes controlar. Nadie puede hacerlo. Aparte de matar al chico en el acto, tu influencia sobre su identidad y decisiones sexuales está limitada por tu humanidad. Así que, si puedes ayudar con eso, no cierres puertas. Mientras sigan hablando existe esperanza de lograr un resultado positivo.

4.17 ENFERMEDADES DE
TRANSMISIÓN SEXUAL

He aquí un vistazo de los datos de las enfermedades de transmisión sexual en los adolescentes:

- Cada año, cerca de tres millones de adolescentes adquieren una enfermedad de transmisión sexual. Eso es casi uno de cada cuatro sexualmente activos.
- Una única experiencia de sexo sin protección expone a las chicas adolescentes a un uno por ciento de riesgo de adquirir VIH, treinta por ciento de riesgo de herpes genital, y una probabilidad del cincuenta por ciento de contraer gonorrea.
- La clamidia es más común entre los varones y las chicas adolescentes que entre los hombres y mujeres adultos. Una cifra tan alta como el veintinueve por ciento de las chicas y el diez por ciento de los chicos resultaron positivos en el examen de clamidia.
- Los adolescentes tienen mayor índice de gonorrea que las personas sexualmente activas de veinte a cuarenta y cuatro años.
- Algunos estudios con chicas sexualmente activas encontraron índices de infecciones hasta del quince por ciento por el virus del papiloma humano (el VPH está por lo general vinculado al cáncer cervical).
- El índice de hospitalización por inflamación pélvica severa es mayor en las chicas adolescentes que en las adultas. La inflamación pélvica severa, de modo habitual el resultado de una clamidia o

gonorrea no tratada, puede llevar a la infertilidad y los embarazos anormales[1].

PLAN DE ACCIÓN: DI LAS COSAS DIFÍCILES (CON AMABILIDAD)

- Las ETS constituyen un problema médico con conexiones profundas en lo familiar, social y espiritual. Un buen *triage* demanda tratar la condición médica cuanto antes.
- Enséñales a tus hijos que pueden contraer una infección de tan solo un contacto sexual.
- Enséñales a tus jóvenes a reportar cualquier sospecha de ETS a un médico. El impacto de no tratar el VHP, la gonorrea, la clamidia, la inflamación pélvica y el VIH va desde lo horrible hasta lo fatal. Y eso es sin contar la probabilidad de contagiarle la infección a otros.
- Recuerda que un número significativo de adolescentes está sexualmente activo solo durante poco tiempo. Esto no reduce el riesgo de contacto sexual, pero limita el riesgo a ese período de tiempo. Si te enteras de que tu hijo ha sido sexualmente activo, llévalo a un doctor para una evaluación médica.
- Si crees que tu hija continua siendo sexualmente activa —aun con una sola pareja— insiste en realizar evaluaciones periódicas.
- Enséñales a tus hijos e hijas a que pueden traer al hogar a sus amigos para recibir algún consejo si sospechan que tienen una ETS.
- Si la transmisión de una infección sexual ocurriera, muestra el mismo grado de compasión que quisieras para ti si hubieras cometido un error similar.

4.18 ABUSO DE SUSTANCIAS
Y ADICCIONES

Al momento de escribir este capítulo, el abuso de sustancias entre los jóvenes de secundaria se ve así[1]:

- Alcohol — 74,3% bebió alcohol al menos una vez; 3,3% tomó al menos un trago en al menos un día durante el último mes; y 25,5% bebió cinco o más tragos seguidos en uno o más días durante el último mes. El beber tempranamente está incrementándose de forma dramática, con 19,3% de los estudiantes de doce grado; 20,5% de los de once; 26,5 de los de décimo y 33,9% de los de noveno reportando haber bebido antes de los trece años.
- Cocaína — 7,6% usó cocaína al menos una vez; 3,4% usó cocaína una o más veces durante el último mes.
- Éxtasis — 6,3% usó éxtasis al menos una vez.
- Alucinógenos —8,5% usó drogas alucinógenas (LSD, PCP, mescalina, etc.) al menos una vez.
- Heroína — 2,4% usó heroína al menos una vez.
- Inhalantes — 12,4% olió pegamento o inhaló el contenido de aerosoles o pintura para drogarse al menos una vez.
- Drogas inyectables — 2,1% usó agujas para inyectarse alguna droga ilegal al menos una vez.
- Metanfetaminas — 6,2% usó metanfetaminas al menos una vez.
- Marihuana — 38,4% usó marihuana al menos una

vez; 20,2% usó marihuana una o más veces en el último mes. El uso temprano de la marihuana está aumentando, con 6,2% de los estudiantes de doce grado; 7,1% de los de once; 9,1% de los de décimo y 11,2% de los de noveno grado reportando haber probado la marihuana antes de los trece años.

- Nicotina — 54,3% probó fumar al menos una vez; 23% fumó durante el último mes; 10,7% de ellos fumó diez o más cigarrillos cada día que fumaron; 54,6% de ellos intentó dejar de fumar durante el año anterior; 8% utilizó tabaco no fumable en el último mes; 14% fumó puros en el último mes.

- Esteroides — 4% tomó pastillas de esteroides o se inyectó sin prescripción médica al menos una vez.

El alcohol y la nicotina permanecen sin ser cuestionados por los costos de letalidad y salud pública. La cifra de muertes atribuibles directamente al alcohol en los Estados Unidos es cerca de 76.000 cada año, con un costo de 2,3 millones de años de vida potencial perdida[2]. El impacto económico es estimado en más de $26 mil millones en costos directos de salud médica y mental; $134 mil millones en pérdidas de productividad; y $24 mil millones en costos de accidentes de vehículos, crímenes, destrucciones por incendios y bienestar social. Eso suma un gran total de unos $185 mil millones anualmente[3].

Cada año cerca de 440.000 estadounidenses mueren de causas atribuibles al cigarrillo, costando 5,6 millones de años de vida potencial perdida y $75 mil millones en gastos médicos directos, más $82 mil millones en pérdidas de productividad. El costo total: cerca de $157 mil millones al año[4].

¿POR QUÉ?

A menos que entendamos *por qué* los adolescentes usan alcohol y otras drogas, estos datos serán interesantes, pero inútiles.

Curiosidad

A los adolescentes les encantan las nuevas experiencias: 81,7% de los estudiantes de secundaria reportan haber tomado una o más bebidas al menos una vez antes de llegar a su año de graduación (una tendencia que va rápidamente en aumento al momento de escribir este capítulo).

Imitación

En *Nobody Knows My Name* [Nadie sabe mi nombre], James Baldwin escribe: «La situación de la juventud no es misteriosa. Los jóvenes nunca han sido buenos para escuchar a los mayores, pero nunca han fallado en imitarlos. Ellos deben hacerlo, no tienen otros modelos»[5].

Baldwin estaba escribiendo acerca de otra cosa en aquel entonces, pero puso el dedo en una verdad más grande: Estamos criando jóvenes en una cultura drogada —con una bebida de adultos en una mano y en la otra una prescripción de pastillas— tratando de lograr que nos entiendan hablando con un puro hecho a mano entre los dientes. *Necesito un trago... No me hables, aún no he tomado mi café...* No le toma mucho tiempo a los jóvenes aprender la distinción entre disfrutar de una copa de vino en una cena y necesitar algo extra para aliviar un poco su día. Muchos padres alientan la automedicación, ya que el ejemplo siempre ha enseñado más que la instrucción.

Para complicar más las cosas, el rechazo resulta muy difícil en estos días para los adolescentes cuyos amigos son lo principal. Llegado el viernes por la noche se requiere mucha fuerza de voluntad para enfrentar el ridículo o el rechazo al levantarse en contra de la voluntad popular.

El psicólogo y profesor David Elkind habla de los adolescentes que desarrollan un «parche de retazos de sí mismos»... una identidad construida por la simple suma de sentimientos, pensamientos y creencias copiados de otros. Los adolescentes «que han crecido por sustitución y solo tienen un parche de retazos de sí mismos resultan menos capaces de posponer la gratificación inmediata. Ellos son orientados por el presente y dirigidos por otros, y fácilmente influenciados por los demás»[6]. Esto no es así para cada chico todas las veces, pero se trata de una cifra elevada de ellos la mayoría del tiempo.

Diversión

Es posible que nada tenga mayor valor que la diversión definida por uno mismo. Ya saben como va la cosa:

—¿Te divertiste anoche?

—Ah, sí. Me sentía muy mareado. No recuerdo dónde estaba o qué hice. Me desperté en una piscina de mi propia orina... o al menos creo que era mía.

—¡Hombre!

—Tengo un diente hecho pedazos.

—¡Vaya!

—Encontré el comienzo de un tatuaje en mi tobillo. Creo que es de la Cenicienta.

—¿En serio?

—No sé cómo llegué a casa o qué le sucedió a mi auto... o a mi ropa interior.

—¡Hombre!

—Nunca me había divertido tanto en mi vida.

—¡Genial!

Tienes que admitir que no puedes tener este tipo de diversión estando sobrio. Mientras esa orina no se vuelva crónica, la Cenicienta no se infecte, el vehículo no resulte involucrado en un reporte criminal, y un tipo de treinta años no aparezca en su convertible con la ropa interior, todo seguirá siendo un recuerdo especial... bueno, no un *recuerdo* exactamente.

Declaración de independencia

Un joven dijo que comenzó a fumar marihuana «¡porque de lo único que mis padres siempre hablan es de cuán malas son las drogas!». La marihuana fue una forma de dejarles saber a sus padres que él tenía la intención de hacer cualquier cosa que le placiera. El terapeuta Gary Forrest se encontró entre los primeros en describir este fenómeno:

> Los estudios indican que más del ochenta por ciento de las familias en las que ambos padres beben tienen hijos que lo hacen. Al contrario, más del setenta por ciento de los padres que no beben tienen hijos que se abstienen. Sin embargo, existen casos donde la abstinencia

completa de alcohol por parte de los padres en realidad motiva al adolescente a beber. Si tomar es un tabú en la familia, la mentalidad de contradicción del adolescente puede concluir que beber debe ser divertido. Para algunos adolescentes, tomar ofrece una excelente forma de enojar y controlar a los padres que no son bebedores[7].

Desinhibición

Yo bebo porque me ayuda a ser yo mismo. Soy más creativo cuando estoy drogado. Ponerme un poco en onda me ayuda a dejarme llevar más por la música. Estudios con una sustancia placebo, en los cuales se le dijo a los estudiantes universitarios que una bebida contenía alcohol cuando no era así, descubrieron que aquellos que *esperaban* experimentar efectos desinhibidores a partir del alcohol tendían a obtener lo que esperaban (algunos reportaron incluso sentirse borrachos) a pesar de la ausencia de alcohol en las bebidas[8].

Escape

Los adolescentes usan alcohol y otras drogas para escapar del dolor de las relaciones rotas o abusivas, los sentimientos de inadaptación, el temor al futuro, las presiones escolares y las expectativas de los padres. Casi cada factor de estrés puede llevar a la automedicación. ¡El reto mayor de las drogas es que *funcionan*! Al menos por un tiempo. Muchos que las usan afirman que el alivio temporal es mejor que ningún alivio.

Adicción

El uso regular de algunas sustancias crea una dependencia química. Un gran consumidor de cafeína que deja su bebida favorita por cualquier razón (digamos un viaje al campo) sabe algo acerca de los síntomas de abstenerse como dolores de cabeza, irritabilidad y patrones de sueño irregular... y eso que solo es cafeína.

Tratar de hacer malabarismos con el impacto fisiológico y psicológico de una droga con tolerancia progresiva, que demanda un uso más frecuente, pero proporciona cada vez menos el efecto deseado, gradualmente se convierte en una tarea de tiempo completo para los adictos. Cuando era director del Instituto Nacional sobre el Abuso de Drogas, Alan Leshner escribió que la esencia de la adicción es «la búsqueda y el uso incontrolable y compulsivo de la droga, aun frente a consecuencias sociales y de salud negativas»[9]. *Búsqueda y uso compulsivo, búsqueda sin importar las consecuencias...* eso lo dice casi todo.

TOLERANCIA

La tolerancia es un indicador clave en la adicción. Es por esto que hay una diferencia entre un alcohólico y un bebedor problemático. Existe evidencia de que cada persona tiene el potencial para tener dificultades con la bebida. El bebedor problemático tiene problemas cuando toma, y muchos problemas cuando bebe mucho. Una de las señales que delatan a un alcohólico es su capacidad de absorber grandes cantidades de alcohol sin tener impedimentos obvios. Es a menudo el alcohólico el que conduce a casa al bebedor problemático después de una fiesta.

Estas no son buenas noticias. La tolerancia a altos niveles de alcohol en la sangre es la primera señal de que a la larga se necesitarán altos niveles de envenenamiento con alcohol para producir el efecto de estar intoxicado. Más tarde, se requerirán altos niveles de envenenamiento solo para sentirse *normal*. Nadie puede envenenarse de una forma regular sin tener daños orgánicos a largo plazo. Es mejor ser un peso ligero cuando se trata de la tolerancia al alcohol; prepárate a enfrentar lo que viene si no lo eres.

PLAN DE ACCIÓN: INVOLÚCRATE

No hagas de inmediato conclusiones cuando ciertas cosas parezcan indicar el involucramiento con las drogas. De la misma manera, no niegues lo que está justo frente a ti. La presencia de uno o dos factores comúnmente asociados con el abuso de sustancias pueden solo indicar que un adolescente está experimentando cambios típicos de la adolescencia. Sin embargo, cuando sospechan que hay un problema, la mayoría de los adultos tiende a errar *no* del lado de la exageración, sino al esperar demasiado para actuar. Si la preocupación se basa en hechos reales, es mejor estar a salvo que sentirse arrepentido.

Señales del abuso de las drogas y el alcohol en los adolescentes

- Aislamiento: Pasar mucho más tiempo solos en su habitación (o algún otro lugar apartado de la casa) que antes; evitar de manera anómala la interacción y la diversión con su familia.
- Cambios inexplicables en las relaciones: Hacer a un lado a amigos valiosos y rápidamente conectarse con un nuevo círculo de asociados; guardar en secreto sus nombres, horarios y lugares de reunión.
- Dificultades en la escuela: Ausentismo sin precedentes, asignaciones sin completar, pérdida de concentración, baja inesperada en las calificaciones.
- Resistencia no razonable a la autoridad: Conflictos continuos sin precedentes con padres, maestros, policías, líderes de jóvenes y otros adultos.
- Cambios inexplicables en los intereses: Pérdida de interés en la higiene, el arreglo personal, los juegos, la creatividad y las amistades.
- Problemas de conducta: Robar, mentir, o hacer gastos inexplicables.
- Conductas de alto riesgo: Pérdida de la consideración por la seguridad personal, violaciones de tráfico frecuentes, vandalismo.
- Señales persistentes de depresión: Gestos o conversaciones suicidas, intentos suicidas.
- Promiscuidad sexual: Conducta sexual indiscreta, múltiples parejas.
- Quejas de salud: Resfríos frecuentes sin precedente, vómitos, constipación, dolor abdominal, dolores de cabeza, temblores.

- Cambios en los hábitos alimenticios: Incremento o decremento incontrolable en el apetito acompañado de aumento o pérdida de peso.
- Señales obvias de estar bajo la influencia: Aliento a alcohol, discurso mal pronunciado, tambaleo, pupilas dilatadas, euforia, alucinaciones, pánico, engaños, palpitaciones del corazón, conciencia sin precedente del olor del cuerpo, sueño.

Recuerda los calificativos en estas descripciones: *inexplicable, sin precedente, frecuente*. No quieres hacer conclusiones a la ligera, pero tampoco deseas ignorar numerosas conductas sospechosas.

Si dudas de tus percepciones, he aquí algunas preguntas que te ayudarán a evaluar lo que has experimentado.

- ¿Cuándo comenzaste a creer que podría haber un problema?
- ¿Cómo respondiste a esto cuando te diste cuenta?
- ¿Cuál es la esencia de las conversaciones que has tenido con tu hijo sobre esto?
- ¿Qué ha admitido tu hijo? ¿Un adulto razonable miraría esto como una causa de preocupación?
- ¿Qué explicaciones ha dado tu hijo? ¿Un adulto razonable creería estas explicaciones?
- ¿Qué consecuencias naturales ha experimentado él debido a su conducta? (Pérdidas y daños a la propiedad y resacas son *consecuencias naturales*). ¿Cómo respondió?
- ¿Qué consecuencias lógicas le has impuesto? (Prohibición de conducir y horarios de llegar a casa son *consecuencias lógicas*). ¿Cómo respondió?
- ¿Qué indicadores tienes de que el problema es peor de lo que era hace treinta días?
- ¿Qué te dicen tus instintos?
- ¿Qué hace que confíes o no en tus instintos en este caso?
- ¿Qué te gustaría ver que sucediera?

- ¿Crees que tienes los recursos necesarios para lograrlo?
- ¿Qué obstáculos se encuentran en el camino?
- ¿Qué clase de personas crees que podrían ayudarte?
- ¿Estarías en la disposición de pedir esa ayuda?

Si te parece que hay razón para estar preocupado, pero todavía el asunto te parece un poco intangible, pídele a tu hijo que te haga compañía en un viaje durante todo el día.

- No lo mandes a la escuela por un día, saliendo lo suficiente temprano para que no se quede dormido en casa.
- Manejen durante tres o cuatro horas con paradas limitadas hasta que lleguen al destino que hayas escogido para cualquier gestión que hayas decidido hacer. (En realidad no importa de qué se trate, pero podría resultar agradable si él pudiera contribuir con su opinión al respecto).
- Un par de veces durante el día, agradécele por acompañarte en lo que podría parecerle una misión sin propósito, y dile que es agradable tener su compañía.
- Haz preguntas abiertas que requieran historias en lugar de respuestas conceptuales. Comienza con temas personales, pero que no amenacen, luego muévete de forma gradual y natural hacia preguntas que invitan a una mayor revelación: preferencias musicales, deportes, programas de televisión y películas favoritas, el trasfondo de sus padres, su propia familia. Él podría mostrarse cauteloso, pero seguramente podrás vencer su resistencia, en especial si eres recíproco con tus propias historias.
- Observa su postura física y su perseverancia, su aparente estado emocional y su vocabulario, su grado de tolerancia y compromiso con la charla, y su habilidad para permanecer enfocado en el hilo de la conversación.
- Cuando lleguen a su destino, asegúrate de que se

bajen del vehículo y caminen un poco, incluyendo subir gradas o una colina en la caminata. Coman algo. Tengan una pequeña conversación comparando ese lugar y el sitio donde viven.

- En el viaje de regreso, incluye discusiones abiertas que apelen a historias acerca de cómo imagina su futuro, así como a la forma en que recuerda su pasado.

- Agradécele de nuevo por su compañía cuando te despidas.

- A la mañana siguiente, reflexiona en privado sobre su conducta y aparentes actitudes la noche anterior, así como al levantarse y salir de la casa en la mañana.

Este acercamiento te costará un día, pero casi seguramente tendrás una mejor noción de si hay una amenaza emergiendo y si es apropiada más intervención. En el proceso existe una buena probabilidad de que tu adolescente revele —o de otra forma lo notarás— algo acerca de la historia detrás de la historia.

Por cierto, si el problema resulta ser alcohol, no subestimes el peligro: *Oh, es solo alcohol... ¡yo temía que se tratara de drogas!* Por lo general, las consecuencias del abuso del alcohol son más mortales que las de otras drogas. No le robes la oportunidad de una intervención temprana a un joven alcohólico o un bebedor con problemas porque no quieres ver lo que está frente a ti.

Revisa la sección 3.0 de este libro para el proceso que involucra pedir refuerzos y desarrollar un plan de acción.

La mayoría de las comunidades ahora tienen programas eficaces de pacientes externos o residentes a fin de ayudar a los jóvenes a lidiar con la dependencia al alcohol y las drogas. La mayor parte de los programas requiere la participación de la familia en el tratamiento, porque el potencial de recuperación a largo plazo de un adicto es mucho mayor cuando los miembros de la familia cumplen con el papel importante que juegan en el proceso.

4.19 **SUICIDIO**

Alguien que ahora no recuerdo le llamó al suicidio un «mal biológico, sociocultural, interpersonal, dual y existencial». Esta es una forma elegante de decir que —aunque cualquier número de factores pueda empujarlo más allá del límite— el individuo suicida «típico» está haciendo malabarismos con una constelación de pelotas que continúan incrementándose en el transcurso de las semanas, los meses, e incluso los años.

Los adolescentes, que son por naturaleza más impulsivos que los adultos, a veces presentan una notable excepción a esta regla. Una ruptura en especial dolorosa de un noviazgo puede ser suficiente para que un muchacho de quince años desee terminar con su vida. Sin embargo, usualmente no es así. La mayoría de las veces se necesita más que una única tragedia para conducir al suicidio.

La mayor parte de los suicidios pueden prevenirse. En realidad, creemos que la mayoría de los suicidios son impedidos... en el sentido de que no llegan a materializarse. Si existe una única palabra que describa la disposición suicida, es *ambivalencia*. La mayoría de los adolescentes suicidas se debate entre «realmente, realmente quiero morir» y «realmente, realmente quiero vivir».

Existe una gran historia acerca de un policía novato en su primera llamada suicida. Él logra llegar a la azotea de un edificio de oficinas de treinta pisos y encuentra a un hombre balanceándose en la orilla. Instintivamente, el joven oficial toma su revólver y grita: «¡Deténgase o disparo!». Ante esto, el hombre en el borde alza las manos en el aire y exclama: «¡No dispare!», como si indicara: «¡Si me dispara, podría morir!». Esta es la misma persona que, momentos antes, consideraba volverse uno con el pavimento debajo. Eso es ambivalencia.

DAME UNA SEÑAL

He aquí algunos factores de riesgo que pueden conspirar para provocar un acto suicida:

- Un historial de desarrollo de problemas
- Problemas familiares en ascenso
- Experiencias agudas de separación y pérdida
- Sentimientos de rechazo y no ser queridos
- Problemas crónicos de comunicación
- Cambios de conducta obvios y abruptos
- Estado de ánimo extremo constante y retraimiento
- Participación frecuente en conductas de alto riesgo
- Abuso del alcohol y otras drogas
- Quejas físicas médicamente no diagnosticadas
- Perfeccionismo
- Desesperación
- Desprenderse de objetos de valor
- Notas suicidas
- Lenguaje suicida: *Estaría mejor si estuviera muerto. Ya no tendrán que preocuparse por mí. A nadie le importa si existo o no; sencillamente terminaré con todo.*
- Un rasgo común en la mayoría de los suicidios es una historia de problemas que se acumulan uno tras otro sin que se vislumbre un final. Cuando la impotencia se combina con la falta de esperanza, las personas corren un serio riesgo.
- Desahogo emocional repentino e inexplicado de una depresión crónica. Los consejeros que trabajan con personas crónicamente deprimidas nos advierten que las mejorías repentinas y drásticas en el estado de ánimo pueden esconder un intento suicida. Las personas deprimidas a veces reúnen la suficiente energía para concluir que el

suicido es la única forma de terminar con su dolor. Ya que la última resolución está en la mira, ellos pueden experimentar un desahogo emocional extraordinario.

PLAN DE ACCIÓN: PROFUNDIZA MÁS

- Considera el lenguaje y los gestos suicidas de un modo serio, aun si tu hijo trata de engañarte con garantías de que él nunca haría algo tan tonto. Préstale atención a las menciones repetidas de la muerte, en especial en presencia de un puñado de factores de riesgo.
- Observa y ponle atención a las emociones no verbales. Los adolescentes suicidas tienen dificultad para articular el dolor que sienten, así como la falta de esperanza y la impotencia de sus situaciones. Aun más, ellos creen que muchos de sus clamores pidiendo ayuda pasan inadvertidos. Para algunos, los gestos suicidas son esfuerzos a fin de obtener atención y ayuda. Se ha hecho referencia al suicidio como *un lenguaje perverso*. Es como si una persona suicida dijera: «Si no me escuchas, haré que me prestes atención... ¡porque no puedes ignorar a un cadáver!».
- Si tienes la más leve razón para creer que el uso de lenguaje suicida por parte de tu hijo puede ser serio, abórdalo en una conversación privada para investigar. Utiliza el bosquejo DLAP de la sección 2.2 para guiar tus preguntas.
    - Detalles específicos: ¿Tiene un plan?
    - Letalidad del método: ¿Es mortal su método?
    - Accesibilidad al método: ¿Tiene acceso a los medios que planea usar?
    - Proximidad a los recursos de ayuda: ¿Su plan lo pondrá fuera de alcance?

- Si piensas que el riesgo es inmediato, busca la intervención médica en ese mismo instante. Sube al joven a tu vehículo o llama a un taxi y maneja hasta la oficina del doctor o la sala de emergencias. Si sientes que necesitas refrenarlo, consigue a uno o más adultos para que te acompañen y haz que se siente en medio de ellos. De ser necesario, llama al número de emergencias y solicita una ambulancia o refuerzos policíacos. Te preguntarán si tu hijo representa un peligro para él mismo y los demás. Asegúrales que sí. Aun si tu hijo todavía no se ha lastimado, el personal médico sabrá qué hacer.

- Haz la pregunta: «¿Has considerado suicidarte?». Existen dos respuestas comunes: *No, las cosas no están tan mal*, o bien: *Sí, lo he pensando*. Si la respuesta es *no*, has abierto una puerta para el cuidado preventivo. *Me alegra mucho saber que las cosas no se han puesto tan malas; ¿me prometes que si se complican hablarás conmigo antes de tomar cualquier medida?* Si la respuesta es *sí*, has hecho la pregunta correcta.

- Confía en que puedes ayudar. No ignores las advertencias obvias como: *¡Sencillamente me quitaré la vida y entonces seré feliz!* Tú puedes ser un puente hacia la vida para tu hijo en una crisis suicida. No se necesita un título en consejería o entrenamiento especializado para producir un impacto positivo en él. Haz tu parte y pide la ayuda de otros que pueden hacer lo que tú no puedes.

Contrato de vida

Compromete a tu hijo en un *Contrato de vida*. Los programas de prevención de suicidio a lo largo de todo el país utilizan este tipo de contratos escritos porque han demostrado ser útiles para salvar vidas. El contrato puede ser hecho verbalmente, pero las evidencias sugieren que un documento escrito es más efectivo. Un contrato típico se ve así:

Contrato de vida

Yo _____ prometo no dañarme a mí mismo o intentar quitarme la
     ADOLESCENTE

vida. Si siento deseos de quitarme la vida, hablaré con _____ y si no
                           PAPÁ Y/O MAMÁ

soy capaz de localizarlo(a), llamaré a _____ o al número
              OTRO ADULTO DE CONFIANZA

telefónico de la línea de crisis y hablaré con uno de sus trabajadores. Si todo

esto falla, llamaré al número de emergencias.

_____   _____
      HIJO   FECHA

_____   _____
     PADRES   FECHA

Vale la pena observar que los jóvenes son conocidos por tomar los términos del contrato de manera más literal de lo que uno esperaría. Asegúrate de que tu contrato diga *hablar con* y no *intentar hablar con*. Algunas veces un joven que ha intentado suicidarse después de aceptar el contrato se defiende diciendo: «Me dijiste que *intentara* llamarte de primero. ¡Lo hice y no contestaste!». Así que si utilizas el contrato, haz todo lo que esté a tu alcance para mantenerte disponible las veinticuatro horas del día, porque un joven en crisis quizás no logre limitar sus luchas a las horas en que estás despierto. Tu disponibilidad para dejarlo todo representa un mensaje de compasión que ofrece mucha credibilidad.

- Haz algo con el método. Limpia tu casa de armas mientras dure la crisis; guarda las llaves del auto; coloca en un lugar bajo llave los medicamentos y los cuchillos de la cocina. Si tu hijo dice tener los medios, dile que quieres guardarlos o deshacerte de ellos hasta que la crisis haya terminado. Hacer esto reduce la posibilidad de un acto impulsivo. Dicho todo lo anterior, no utilices la fuerza física para tomar el control de un objeto letal o podrías encontrarte con una crisis diferente en tus manos.
- Debes estar dispuesto a involucrar a la policía si es necesario.

- Desarrolla un plan de acción. (Ver la sección 3.2).

He aquí las buenas noticias: El promedio de duración de un episodio suicida es solamente de treinta días y solo uno de cada diez que intenta en serio quitarse la vida lo intentará de nuevo. Esto significa que la intervención en un suicidio tiene poca probabilidad de convertirse en un estilo de vida para ti. Si logras que un joven atraviese y salga de un episodio serio, tal vez has salvado su vida.

Si sucede lo peor, haz lo que esté a tu alcance para cuidar a los sobrevivientes. «El asesinato es un crimen violento contra la persona asesinada», dijo uno de los personajes de Salman Rushdie y añadió: «El suicidio es un crimen violento contra los que se mantienen vivos»[1]. Ser uno de los que quedan vivos para experimentar las repercusiones del suicidio no es fácil. Aquellos que siguen vivos sentirán muchas de las mismas emociones que aquellos que pierden a un miembro de la familia o un amigo por un accidente o muerte natural: la conmoción, el enojo, la culpabilidad, el temor y el alivio son cosas comunes a todas las pérdidas. No obstante, estas emociones pueden ser experimentadas de una forma distinta y en un grado diferente después del suicidio.

- *Colócate tu propia máscara primero.* Asegúrate de conseguir la ayuda que necesites aun mientras comienzas a velar por el bienestar de la familia.
- Aquellos que quedaron deben lidiar con *la conmoción y la incredulidad* no solo por la pérdida, sino porque la muerte fue autopropiciada. Preguntas como: *¿Puedo seguir adelante sin esta persona?* son agravadas por cuestionamientos como: *¿Qué rayos ha sucedido aquí?*
- La ira con frecuencia es dirigida hacia el fallecido por ser tan centrado en sí mismo. Aquellos que quedan se culpan por no haber sido lo suficiente sensibles, ignorar las advertencias o no decir o hacer cualquier cosa que hubiera hecho que las cosas fueran diferentes. Incluso Dios podría ser un blan-

co. *Si Dios es tan sabio y poderoso, ¿por qué permitió que esto sucediera?*

- La muerte saca a la luz la *culpabilidad* en las personas. Nos preguntamos si no debimos haber hecho esto o aquello y si eso hubiera cambiado las cosas. Los niños pequeños son notorios por preguntarse si ellos se habrían podido comportar mejor y si eso tal vez hubiera prevenido que mami o papi se sintiera tan mal como para querer morir.

- Aquellos que viven se preguntan si pueden continuar invirtiendo en las relaciones y *temen* comenzar nuevas amistades. Ellos cuestionan en serio el dicho: «Es mejor haber amado y perdido que nunca haber amado». La vulnerabilidad que se requiere para entablar una relación puede ser más de lo que puedan manejar.

- Pocas emociones crean más conflictos en los corazones y las mentes de los sobrevivientes que el sentido de *alivio* que a veces sigue al suicidio. Los fallecidos en ocasiones tenían un historial de dificultades que se volvieron una carga pesada para la familia y los amigos. La pérdida es trágica, pero puede estar acompañada de un sentimiento de alivio porque todo finalmente terminó... un hecho que puede conducir a sentimientos de culpabilidad y remordimiento.

- La *vergüenza* asociada con el suicidio es difícil de sobrellevar para los familiares que quedaron vivos y los amigos. No es fácil reconocer que la muerte de un ser querido fue un suicidio. Algunos incluso tienen dificultad para mencionar esa palabra.

- No es inusual que surjan dificultades físicas y emocionales como resultado del suicidio, entre ellas: dolores de cabeza, períodos de llanto incontrolable, fatiga, falta de sueño... en pocas palabras, el bagaje físico y emocional que viaja con la crisis. Alguien (no recordamos quien) observó: «Todos tenemos esqueletos en nuestros armarios. Un suicida es alguien que deja su esqueleto en el armario de alguien más». Esta no es una mala descripción. Algunas cosas cambian muy lentamente. Muchos de nosotros tenemos problemas emocionales muy arraigados porque no hemos querido o podido confrontar a los esqueletos que se hallan en nuestro armario. El desafío al ayudar a los sobrevivientes a enfrentar los hechos radica en su disponibilidad para identificar la constante influencia de sus esqueletos, admitir su temor a acercarse demasiado, y trabajar para deshacerse de las cosas que estallaron.

RVP: Fui invitado a impartir un taller sobre la prevención del suicidio en una instalación militar que había experimentado una racha de intentos y muertes suicidas por parte de los hijos del personal militar. El capellán de la base organizó una cena con una madre y un padre cuyo hijo había cometido suicidio un año antes de mi visita. Ninguna mención del muchacho o las circunstancias de su muerte salieron a relucir durante la cena.

Cuando nos sentamos en la sala con el café y el postre, abordé el tema al preguntar si podía ver una fotografía de su hijo, dejándoles así saber que yo conocía de su muerte bastante reciente. La madre comenzó a llorar de un modo incontrolable. Cuando recuperó su compostura, me disculpé por cualquier insensibilidad que pudiera haber mostrado.

Ella respondió con rapidez: «Oh, no, por favor, no se sienta mal. Es solo que durante este año desde la muerte de nuestro hijo, usted es la primera persona que pregunta por él». Los amigos y familiares bien intencionados evitaron el tema porque tenían temor de causar más daño, sin darse cuenta de que no hablar del asunto producía más dolor del que ellos pudieran imaginar.

El punto es deshacerse del esqueleto… no de la memoria de un ser querido.

- Los amigos y familiares bien intencionados muchas veces evitan hablar acerca del suicidio o iniciar juntos una conversación con relación al fallecido. Esto no es de ayuda... los sobrevivientes anhelan la sinceridad de alguien que los ayude y se tome el tiempo para escuchar mientras comparten su amplia gama de emociones. Los consejeros de crisis tienen una oportunidad de guiarlos de regreso al pasado doloroso mientras mantienen sus pies firmemente plantados en el presente. Así es como las personas abrazan la esperanza de que la vida continúa para ellos.

- Dicho eso, algunos sobrevivientes necesitan las habilidades de un terapeuta entrenado para ayudarlos a lidiar con sus esqueletos. Haz lo que esté a tu alcance para facilitar esto tanto como sea necesario. Podrías beneficiarte grandemente al llevar a cabo una consejería con la familia o la pareja en la que puedan trabajar juntos con los problemas del dolor. El suicidio crea un profundo estrés en los matrimonios. Algunas personas encuentran ayuda en los grupos de apoyo especializados en postsuicidio o la pérdida de hijos.

- Corrige los falsos conceptos del suicidio:
  - *Cualquiera que intente quitarse la vida debe estar loco.* Loco no; desesperado. La desesperación produce una pérdida de perspectiva que puede hacer que el suicidio parezca la única opción viable, ya que la persona ha perdido toda la habilidad de ver otras opciones. El perfeccionismo produce un terror a fallar que hace que el futuro sea una amenaza en lugar de algo prometedor. El aislamiento relacional alimenta la noción de soledad y nubla los recuerdos de los buenos tiempos del pasado. La desesperación está asociada con un juicio pobre, en especial cuando se mezcla con el alcohol u otros depresivos. Ante la ausencia de esperanza —por distorsionada que esta pueda ser— un revés

significativo o una pérdida puede tener consecuencias mortales.

- *Los niños ricos se quitan la vida más a menudo porque están aburridos de vivir.* El suicidio es en verdad un fenómeno democrático. Los jóvenes ricos se quitan la vida. Los jóvenes pobres se quitan la vida. Los blancos, los negros, los irlandeses, los noruegos... todos los hijos de Dios se quitan la vida. Sin embargo, principalmente son los adultos los que se quitan la vida. El índice de suicidio para los jóvenes entre diez y catorce años es menos de dos en cien mil; para los de quince a diecinueve años el índice se acerca a ocho muertes suicidas por cada cien mil; y los de veinte a treinta y cuatro años se quitan la vida con un índice de casi trece por cada cien mil. Los índices continúan aumentando en los siguientes dos grupos de edades, una cosa que es importante notar, porque muchas de las personas en estos grupos de edad son padres de adolescentes: cerca de quince de cada cien mil entre los de treinta y cinco a cuarenta y cuatro años de edad, y dieciséis por cada cien mil entre los de cuarenta y cinco a cincuenta y cuatro años[2].

- *El suicidio corre en la familia.* Ninguna marca genética ha sido encontrada para indicar una predisposición hereditaria hacia el suicidio. Con eso dicho, existen patrones de familias *con tendencias suicidas* que incrementan la probabilidad de suicidio. Si un padre, hermano mayor, o alguien muy cercano comete suicidio cuando los niños están pequeños, esos niños pueden crecer viendo el suicidio como una forma aceptable de lidiar con las cosas... después de todo, eso es lo que el abuelo hizo. El suicidio se coloca en la plataforma de «conducta aprendida» para ellos. Luego, pueden mostrarse más inclinados que sus compañeros a ver el suicidio como una táctica para arreglárselas. Pueden existir condiciones *con tendencias suicidas* en algunas comunidades y escuelas donde un puñado de suicidios dan la impresión de la normalidad. Así que hazte la pregunta: *¿Ha visto mi hijo el suicidio como un modelo de escape?*

- *Ella se quitó la vida en aquel tenebroso miércoles. El clima debió haberla deprimido.* Eso podrías pensar. Sin embargo, un porcentaje más alto de suicidios se llevan a cabo en un bonito clima; más en la primavera que en el invierno, por ejemplo. Cuando el clima es oscuro, muchas personas se deprimen, y a la miseria le encanta la compañía. No obstante, cuando llega el clima agradable y el ánimo de la mayoría de las personas está elevado, la miseria de la gente que está deprimida se intensifica.

- *¡Es mejor que me quede con ella esta noche! Es cuando la mayoría de los suicidios ocurren.* En realidad, la mayoría de los suicidios de adolescentes ocurre después de la escuela, entre las tres y las seis de la tarde en punto.

- *Había algo romántico en sus suicidios. Ambos se amaban tanto, que querían morir juntos.* Cualquiera que haya estado en la escena de un suicidio sabe que no hay nada de romántico o bello en ello.

- *No habían pistas. Ella no dejó una nota. No pudo haber sido un suicidio.* A lo sumo, uno de cada cuatro suicidas deja una nota. Cuando los suicidios se incrementaron en los Estados Unidos, los departamentos de la policía y los investigadores comenzaron a conducir «autopsias sicológicas» para reconstruir los patrones relacionales y las interacciones de las personas suicidas. Sus hallazgos demostraron de modo concluyente que la mayoría de los suicidios eran precedidos por pistas verbales o conductuales. Por desdicha, aquellas pistas a menudo no fueron identificadas hasta que fue demasiado tarde.

- *¡El suicidio es el pecado imperdonable! Ella nunca será perdonada.* No hay nada en la Biblia que identifique al suicidio como el pecado que Dios no desee o no puede perdonar. Ciertamente no le damos la bienvenida a las noticias de cualquier suicidio, pero afirmamos la bondad de Dios, que aun cuando nosotros somos infieles, permanece fiel[3].

- Enseña las perspectivas y habilidades que avivan la resistencia en los adolescentes. Sin ningún orden particular, los jóvenes resistentes aprenden:
  - A no tomar los problemas personalmente
  - A no culparse a sí mismo por las decisiones de los demás
  - A adaptarse al cambio y recuperarse de las decepciones
  - Que cada condición, agradable o desagradable, es temporal
  - A perseverar en la dificultad o el dolor
  - A enriquecer su vocabulario emocional
  - Habilidades de negociación
  - Empatía
  - Adaptabilidad
  - A reírse de su propia humanidad
  - A correr riesgos apropiados esperando la recompensa apropiada
  - Flexibilidad

4.20 **TERROR**

Terremotos... terrorismo... incendios... huracanes... accidentes industriales... tornados... asesinatos en masa...

Además de presentarles al Dios de misericordia, no hay mucho que podamos hacer a fin de preparar a los jóvenes para el impacto de un meteorito. Y esta es simplemente una de muchas cosas. En un grado un poco menor, eso también es cierto de los huracanes, los tornados, los terremotos, las tormentas, los incendios y las inundaciones. Agrega las infecciones catastróficas a esa lista. Y el divorcio, los accidentes aéreos y el descarrilamiento de trenes. Y los asesinos en serie, los coches bomba y el secuestro.

Estas son las cosas que surgen en cualquier parte para perturbar la vida tal como la conocemos. Incluso uno de los *consoladores* de Job —haciendo una pausa en medio de sus ataques hacia Job porque estaba convencido de que las cosas malas le suceden a la gente mala— tuvo que admitir que tan ciertamente como las chispas vuelan por el aire, así el hombre nace para aflicción[1]. O como lo dijo el personaje de Hemingway en *Adiós a las armas*: «El mundo quebranta a todos»[2].

Las personas inteligentes argumentan qué es peor, los desastres naturales o los humanos —algunas investigaciones sugieren que los síntomas del trauma son más persistentes después de los incidentes causados por humanos— pero decir eso puede ser tan delicado como cortar un cabello en dos. Cuando los muertos están muertos, los heridos quebrantados, los edificios derribados, las comunicaciones estropeadas, los sueños son destruidos y la esperanza disminuye, no hace mucha diferencia inmediata saber cuál fue la causa. Más tarde quizás, pero no mientras el terror subsiste.

El terror es aquel temor abrumador de que todo el infierno está suelto y no hay nada que se pueda hacer al respecto. Los terrores más expansivos dejan un conteo de cuerpos y muchas personas heridas, dislocadas y expuestas a peligros secundarios de salud y seguridad. Estos escenarios espantosos continúan retumbando, dañando economías y redes sociales, dejando a los sobrevivientes conmocionados, luego nerviosos, y más tarde temerosos y tristes por mucho tiempo.

¿Es esta amplia gama de terrores peor que el trauma personal intenso de una violación o un asesinato? ¿Quién sabe? Los síntomas de estrés postraumático son similares. Lo grande puede ser más grande, produciendo aun más víctimas.

He aquí lo esencial: Sin importar su naturaleza, o cuán público o privado pueda ser, cuando el terror ataca, es demasiado tarde para prepararse y demasiado tarde para detenerlo... de otra forma no sería terror.

Si algo hemos aprendido es que no podemos escapar engañando a los jóvenes, al menos no por mucho tiempo. No podemos prometerles en realidad estar a salvo, porque una vez que se enteren de que esto es algo que está fuera de nuestras capacidades, dejarán de confiar en nosotros. Si los jóvenes llegan a creer que no somos confiables, esa es solo una pérdida más en un mundo que ya se siente demasiado peligroso.

He aquí una lista parcial de terrores que los padres no pueden prometer prevenir:

- Desastres relacionados con el clima
- Terremotos y tsunamis
- Choques de asteroides
- Epidemias contagiosas
- Asaltos físicos y sexuales
- Ataques terroristas o actos de guerra
- Criminalidad, matanzas en las escuelas y cualquier acto de violencia
- Ruina económica y financiera
- Accidentes
- Defectos genéticos
- Nuestras propias muertes

He aquí una lista bastante completa de lo que los padres pueden prometer:

1. Haré mi mejor esfuerzo para protegerte cada día.
2.

No hay número dos. Que mal que la lista no pueda ser más extensa, pero esta es la realidad... así que ya lo sabes.

PLAN DE ACCIÓN: PREPÁRATE Y RESPONDE

Antes que el terror ataque, he aquí algunas cosas que los padres y los líderes juveniles pueden hacer a fin de preparar a los jóvenes para lo peor:

- Promete hacer tu mayor esfuerzo para protegerlos cada día.
- Desarrollen juntos un plan de desastre masivo.
- Asegúrate de que todos saben cómo:
  - Llamar a emergencias.
  - Contactar por teléfono a familiares y amigos de confianza.
  - Cerrar la llave del gas y cortar el suministro de corriente eléctrica.
  - Localizar y utilizar linternas, baterías, radio portátil AM/FM, velas, fósforos, agua purificada y alimentos no perecederos.
  - Localizar el hogar en un mapa.
  - Caminar hasta las instalaciones médicas más cercanas.
  - Localizar y guardar las pólizas de seguros, los testamentos y los registros financieros.
- Pónganse de acuerdo en un punto de reunión en caso de que se encuentren separados y no puedan volver a cada después del desastre.

- Identifica un lugar secundario de reunión si no pueden ir al primero.
- Identifica un tercer lugar si no pueden ir a los otros.
- Pónganse de acuerdo en quién permanecerá sin moverse en cualquiera de los lugares de reunión que logre alcanzar y quién se moverá del lugar uno al lugar dos y al lugar tres hasta que todos se hayan reunido.
- Desarrolla un acuerdo personal de desastre para abordar terrores más privados.
  - Indica de un modo convincente que ningún suceso puede destruir tu compromiso de amor (ningún embarazo, VIH/SIDA, abuso de sustancias, asalto sexual o asesinato).
  - Pónganse de acuerdo en un plan para revelar las malas noticias, incluyendo conseguir ayuda para hacer el anuncio si es necesario en lugar de no hacer nada.

Después que el terror golpee, hay muchas cosas que un padre puede hacer.

- Según la conmoción se calma, pregunta: «¿Y ahora qué?». Dale a los jóvenes una razón para pensar en un futuro de recuperación, reconstrucción, y prevención.
- Lidera a tu familia a servir a otros en maneras apropiadas según la edad (y la situación). Piensa en empezar con los más cercanos y trabaja hacia fuera, siempre observando las necesidades sin satisfacer que puedas enfrentar de un modo responsable.
- Habla acerca del terror teológicamente.
  - Uno de los mensajes más potentes frente a la catástrofe es la declaración: «No se supone que sea así». Si estamos de alguna forma cerca de lo correcto en cuanto al Dios del que habla la Biblia, nuestro Creador no se deleita en el sufrimiento ni en la muerte de sus criaturas.

- La pieza que acompaña a la declaración: «No se supone que sea así» es la afirmación: «Y algún día no lo será». La esperanza del evangelio incluye un *nuevo cielo* y una *nueva tierra... el hogar de los justos.* Aún no los hemos visto, pero por fe los vemos venir. Mientras tanto, la vida es gracia y las cosas malas suceden; la gente es capaz de dar impresionantes muestras de amor y llevar a cabo asombrosos actos de opresión; el sol sale y la lluvia cae sobre justos e injustos. La vida es dura; Dios es bueno.
- Mantente alerta a las señales de trastorno por estrés postraumático. (Ver la sección 4.12).

INSTRUCCIONES ANTES DEL VUELO

Las buenas personas que están al tanto de nuestra seguridad en los aviones dan un pequeño discurso al inicio de cada vuelo, recordándonos que dado el caso poco probable de que ocurra una pérdida de presión en la cabina, una máscara de oxígeno caerá de la parte superior de los compartimientos. Debemos tomar la máscara de inmediato, colocarla sobre nuestra nariz y boca, tirar de las bandas elásticas, y respirar normalmente.

Parece seguro decir que es muy probable que no queramos saber qué clase de fuerza se necesita para despresurizar la cabina de un avión... aunque sabemos que la suficiente como para hacer estragos. Así que los asistentes de vuelo terminan esta parte de su presentación con la exhortación de asegurar tu propia máscara antes de asistir a los niños y otras personas que puedan necesitar ayuda. Este es un buen consejo, ya que no es bueno desmayarse mientras ayudas a alguien a recibir oxígeno. Si ocurre un desastre, tienes tanta probabilidad de estar aterrorizado como todos los demás. Respira profundo y recupera la compostura tan pronto como puedas. Sin embargo, no respires tanto antes de comenzar a mirar a tu alrededor quién más está poniéndose azul.

4.21 PROBLEMAS CON **LA LEY**

Si tu hijo se mete en problemas con la ley por cualquier infracción menor:

- No vayas solo a lidiar con el problema. Involucra a otros miembros de la familia y amigos en los que confíes lo antes posible. Necesitarás su apoyo y perspectiva.
- No tengas temor de ir a las instalaciones donde está detenido. (Eso es temor a lo desconocido, fácilmente superado, pero no hasta que ha sido reconocido). A menos que tu hijo tenga cargos por una ofensa violenta, posiblemente encontrarás una puerta abierta de parte de las personas en el sistema legal.
- No olvides que un joven en problemas es un joven. La diferencia más grande entre la mayoría de los adolescentes en problemas con la ley y el gran resto de los otros adolescentes es que algunos fueron atrapados y los otros no. Esto es un poco exagerado, pero con honestidad, los jóvenes son jóvenes. Los chicos en verdad malos son escasos y se encuentran en otra categoría que la mayoría de los ofensores juveniles. Si estás lidiando con un joven perverso, probablemente no necesitabas de un oficial de la policía para darte cuenta.
- Mantén la perspectiva. A veces los padres buenos tienen hijos buenos que toman malas decisiones y se meten en problemas.

PLAN DE ACCIÓN: COMPROMÉTETE CON EL SISTEMA

- Ya sea que tu adolescente sea aprehendido por una ofensa relativamente menor como hurto o sea acusado de una ofensa más seria como robo, los procedimientos legales utilizados en la mayoría de las jurisdicciones siguen el mismo patrón.
  - Por lo general, cuando un ofensor sospechoso es arrestado o traído para interrogatorio, una evaluación de ingreso es completada. Esto incluye la obtención de información de parte del oficial que hace el arresto y del joven. Si la ofensa es relativamente menor y no existen antecedentes de otras ofensas, un «sermón de puesta en libertad» puede determinarse apropiado, en cuyo caso se le hace una advertencia al joven ofensor y a su padre o guardián y luego son enviados a casa. De otra manera, una audiencia del caso es programada a fin de determinar si existe o no suficiente evidencia para justificar la continuidad de la acusación.
  - Si una probable causa es establecida, la fecha de un juicio ante un juez de la corte juvenil es determinada, o en ciertos casos ante un juez y un jurado.
  - El joven puede ser remitido a la custodia de su padre o guardián o a un centro de una prisión juvenil para esperar el juicio.
  - Durante todo el proceso, algunos ofensores serán detenidos en un centro juvenil debido a ofensas previas, la severidad del crimen, la falta de voluntad de los padres para recibir al menor de nuevo bajo su custodia porque el joven está más allá de su control, el alto riesgo de huir, o cualquier otro factor que la corte crea que pueda impedir que el joven aparezca en la siguiente fase del proceso.
  - Si el juez juvenil o el juez y el jurado deciden

que la evidencia demuestra culpabilidad más allá de cualquier duda razonable, una disposición de audiencia es acordada. Durante esta audiencia el juez escucha recomendaciones del demandante y la defensa, considera las opciones estatutarias, y emite un veredicto que determina el tratamiento o las medidas punitivas ordenadas por la corte.

- Dedica un tiempo a entender las políticas y los procedimientos de la institución para que puedas entender mejor la situación de tu hijo. El encarcelamiento es terriblemente difícil para la mayoría de los adolescentes, sin importar qué tanta seguridad puedan aparentar en la superficie.

- Avanza a través de tu descontento y trabaja para desarrollar conexiones genuinas con las personas que trabajan en la institución, los consejeros y los capellanes. Aquellos que están a cargo te darán más libertad si te ven como un colaborador confiable y no como alguien antagónico.

- Aprende a escuchar con profundidad. ¡Los jóvenes institucionalizados aprenden rápidamente que cualquier cosa que digan puede y probablemente será usada en su contra! Ellos sospechan de cada uno y tienden a volverse tímidos de cualquier cosa más profunda que una conversación superficial. En *At Risk: Bringing Hope to Hurting Teenagers* [En riesgo: Trayendo esperanza a los jóvenes que sufren], el Dr. Scott Larson escribe:

Erick Erickson ha destacado que a menos que el problema de la confianza sea resuelto para un joven, esa persona permanecerá estancada en su desarrollo emocional (y espiritual). Honestidad, constancia y una presencia estable a través de los tiempos buenos y malos son lo que establece el fundamento crítico de la confianza. Nuestro papel no es arreglar a los jóvenes, sino estar allí para ellos. Y esto, con el tiempo, establecerá el fundamento para que Dios traiga a sus vidas a otros con los que puedan construir relaciones de confianza también[1].

- No hay mucho que esperar cuando alguien está encerrado. Si tu hijo es detenido en custodia, mantén las promesas que hayas hecho y no hagas promesas que no puedas cumplir. Si dices que vas a visitarlo cierto día, preséntate. Si no puedes estar allí, llámalo para decirle que lo sientes.
- Lleva libros, revistas y CDs (si es permitido). Los jóvenes que viven en instituciones por lo general tienen demasiado tiempo libre y pueden recibir con agradecimiento algún material para leer y escuchar.
- Preséntate el día que salga en libertad. El regreso es difícil. Haz lo que puedas para ayudar a tu hijo a tener éxito en sus nuevas oportunidades.

CENTROS DE TRATAMIENTO

Después de un problema con la ley, algunos padres se ven inclinados a colocar a su hijo ofensor en un centro privado de tratamiento residencial. A pesar de reconocer el dolor y la tristeza de lidiar con un hijo fuera de control, nosotros te animamos a que agotes todas las otras medidas posibles antes de abandonar la salud emocional de tu adolescente y su bienestar en manos de las personas de un ambiente institucional. Los programas de modificación de conducta utilizados en la mayoría de estas instituciones básicamente les enseñan a los jóvenes cómo jugar el mismo juego de un modo más eficaz. La mayoría de los adolescentes que hemos visto ubicar en centros de tratamiento residencial solo se han convertido en expertos en fingir conductas como resultado de ser enviados a vivir en una comunidad de compañeros con mente similar.

4.22 VIOLENCIA

Los jóvenes estadounidenses tienen dos y medio veces más probabilidades que los adultos de ser víctimas de crímenes violentos no fatales, de los cuales dos tercios son cometidos en las residencias entre las tres y las seis de la tarde. Con la excepción del asalto simple —en el que no se usa ningún arma y las víctimas no sufren daños físicos serios— la tasa de arrestos por crímenes juveniles está en su punto más bajo en una generación. Dicho eso, es bueno señalar que la tasa de arrestos por asalto simple es más del doble de lo que era en 1980. No está claro si el incremento en los arrestos refleja un incremento en la violencia o solo una mejoría en los reportes.

Cerca de uno de cada ocho estudiantes de secundaria se ve involucrado en un conflicto físico en su lugar de estudios cada año. En un mes dado, cinco por ciento de los estudiantes de secundaria responden al temor del crimen relacionado con el lugar de estudios quedándose en casa uno o más días[1].

Este vistazo a la violencia no letal entre los adolescentes estadounidenses no es de ninguna manera perfecto, ni tampoco es tan nefasto como muchos imaginan. El cuadro de violencia letal entre los adolescentes es más preocupante, aunque solo fuera porque es, por definición, mortal. Basándonos en descubrimientos conjuntos del Departamento de Educación de los Estados Unidos y el Servicio Secreto, he aquí lo que sabemos acerca de los jóvenes que buscan matar a sus compañeros o al personal del lugar de estudios[2].

- La violencia hacia víctimas específicas rara vez es un acto repentino e impulsivo. Los atacantes en el lugar de estudios se esfuerzan para concebir y planificar la violencia. Cerca de la mitad desarrolla la idea del ataque al menos con un mes de anticipación, y la mayoría prepara su ataque por lo menos dos días antes.

- Pocos atacantes son solitarios o perdedores. La mayoría parece ser normal. La mayoría vive en hogares con dos padres. Casi todos se desempeñan razonablemente bien en sus estudios. Pocos han estado involucrados en problemas serios en sus escuelas. Pocos tienen historias de violencia hacia otros o son crueles con los animales. Muchos están involucrados en grupos sociales organizados dentro o fuera del lugar de estudios. Casi todos actúan solos, pero una gran mayoría tiene amigos cercanos.

- Casi todos los atacantes se involucran en conductas que señalan la necesidad de ayuda. La mayoría le cuentan al menos a un compañero que están pensando o planeando un ataque. En la mayoría de los casos al menos un adulto se muestra preocupado por la conducta previa al ataque. Cerca del sesenta por ciento demuestra interés en películas, libros, juegos o escritos personales violentos, pero no hay un único medio en común.

- Más de la mitad de los atacantes son motivados por la venganza. La mayor parte de ellos se sienten intimidados, amenazados, atacados o lastimados por otros. Más de la mitad tiene por objetivo a uno o más adultos empleados en su lugar de estudios. Dos tercios le cuenta a alguien más acerca de su dolor antes de atacar. Menos de uno de cada cinco amenaza directamente a su víctima.

- La mayoría de los atacantes están tristes justo antes de estar enojados. Casi dos tercios tiene una historia documentada de sentimientos extremadamente depresivos o desesperados. Más de tres cuartos tiene un historial de expresiones suicidas. Casi todos experimentan o perciben una pérdida mayor antes del ataque, y la mayoría exhibe una dificultad considerable para enfrentarla.

- Casi todos los atacantes utilizan pistola. Las armas de mano son las más comunes, seguidas por los rifles y las escopetas. Casi la mitad carga más de un arma para el ataque. La mayoría de las armas son adquiridas en el hogar del atacante o de algún pariente cercano.

Si estás buscando un patrón obvio, no existe. El reporte del Servicio Secreto y el Departamento de Educación concluye: «No existe un "perfil" exacto o útil de los alumnos que se involucren en la violencia hacia un objetivo específico en el lugar de estudios».

Al decir *útil* se refieren a que los atacantes en las secundarias son típicamente varones blancos que luchan con una pérdida autodefinida o tienen un acceso relativamente fácil a las armas de fuego. Así que, ¿necesitamos mantener los ojos puestos en casi uno de tres estudiantes de secundaria? Eso no ayuda mucho.

Con todo, es algo que resulta muy ventajoso.

El asunto aquí es al mismo tiempo más simple y más complicado de lo que cualquiera podría anticipar: Prevenir la violencia letal en los adolescentes depende de sostener relaciones solícitas con estudiantes varones comunes.

Es algo simple porque estos jóvenes están en constante contacto con adultos y compañeros que son capaces por completo de leer las señales de una violencia potencial.

Es complicado porque requiere que nos tomemos el tiempo para escuchar profundamente contra el telón de fondo de la conducta observable. Es también complicado porque significa correr el riesgo de pensar lo impensable y hablar lo indecible.

Prevenir el crimen violento tiene algo en común con prevenir el suicidio: Nadie quiere pensar que su hijo es capaz de lastimarse a sí mismo o a otros. No obstante, quizás lo haga. Nadie disfruta de la idea de preguntarle a su hijo si está teniendo pensamientos suicidas o pensando en vengarse de alguien que le ha causado daño. Sin embargo, es necesario hacerlo.

PLAN DE ACCIÓN: INVOLÚCRATE

- Guarda en un lugar seguro tus armas. Treinta mil ciento treinta y seis individuos murieron en el 2003 de heridas por armas de fuego en los Estados Unidos: el cincuenta y seis por ciento fue por suicidio, cuarenta por ciento por homicidios, y cuatro por ciento por accidentes[3]. Los hogares donde hay pistolas tienen cinco veces más probabilidades de experimentar suicidio que los hogares sin armas[4]. Desde 1976 hasta el 2004, tres cuartos de las víctimas de homicidio entre catorce y diecisiete años resultaron muertas a manos de personas que utilizaban pistolas[5]. Esto no es una crisis constitucional, se debe a la falta de diligencia: Si posees armas, colócalas en un lugar seguro y dile a tus familiares que esperas que hagan lo mismo.

- No frustres a los jóvenes innecesariamente. Considera esta sabiduría antigua: «Padres, no exasperen a sus hijos, no sea que se desanimen» (Colosenses 3:21). Quizás la forma más común en que los padres son demasiado duros con sus hijos es esperando más de lo que ellos pueden dar en cierta etapa de la vida. Sé realista en tu evaluación de las capacidades de tu hijo. Sin importar cuán inteligente o cumplido sea, también es un adolescente y por lo tanto relativamente inexperimentado, sujeto a oleadas de hormonas, no totalmente maduro aun en su razonamiento y... la lista continúa. En lugar de ser duro cuando tu hijo falle en vivir al nivel de los estándares de conducta de adultos, agáchate un poco y encuéntrate con él en el nivel donde esté. Aclarando su punto acerca de lo que llamó *condescendencia divina*, C. S. Lewis escribió acerca de cómo «las mentes adultas (pero solo las mejores) pueden descender hacia la simpatía con los hijos»[6]. Aun cuando los animan a alcanzar logros apropiados para su edad, los padres efectivos

- Recuerda. En nuestros mejores días, sabemos lo que nuestros hijos sienten porque lo hemos sentido nosotros en una vida que puede parecer muy lejana y hace mucho tiempo, pero que sin embargo nos conecta a los unos con los otros. Recordar requiere viajes periódicos a vecindarios emocionales que muchos de nosotros preferiríamos no visitar. No obstante, la jornada vale la pena, porque ese tipo de recuerdos nos ayuda a identificarnos con los sentimientos de un adolescente y a enmarcarlos en un contexto más grande (todo sin disminuir las circunstancias y responsabilidades inmediatas). A veces eso implica ser más estrictos; otras veces significa saber cuándo soltarlos y mostrar más misericordia.

- Busca señales de depresión, desesperación y suicidio. Sobre todo, los adolescentes tienen una probabilidad mayor de morir por suicidio que por asesinato y una probabilidad *mucho* mayor de terminar con sus propias vidas que de acabar con la vida de otros. Ninguno de nosotros desea perder a un hijo de estas formas. Revisa las secciones 4.2 sobre la ira, 4.3 sobre la intimidación, y 4.4 sobre hacer trampa —revisa *todo* en el capítulo 4.0 de este libro— a la luz de la posibilidad de que un joven deprimido o desesperado puede ser un peligro para sí mismo y los demás.

- Préstale atención a lo que expresan. Más de un tercio de los atacantes a objetivos específicos en los lugares de estudios se han expresado por medio de escritos violentos —poemas, ensayos o anotaciones en su diario— antes de sus ataques. Eso es tres veces más que aquellos que expresaron interés en juegos de vídeo violentos, y la mitad de los que mostraron interés en películas y libros violentos[7]. Los escritores no deberían ser castigados por su creatividad; ellos debieran ser capaces de discutir lo que han escrito en términos apropiados para su edad. Confía en tus instintos. Si lo que un joven dice acerca de lo que escribió (o dibujó o cantó o pintó) no pasa el examen del olfato, consigue ayuda para resolver el asunto.

• Construye espacios seguros. Los jóvenes necesitan santuarios donde puedan ventilar sus asuntos, dolerse y ganar perspectiva sin tener que aguantar un sermón moralista. Haz lo que sea necesario para crear lugares seguros donde tu hijo sea inmune al peligro, el juicio y la inhumanidad.

JH: Kate quizás recuerde esto de otra forma, pero yo no recuerdo haber discutido alguna vez en la mesa familiar. Jugábamos con la comida, hacíamos bromas, contábamos historias y recordábamos las aventuras o contratiempos del día. No resolvíamos problemas ni tomábamos decisiones. Y no peleábamos. Existen muchas ocasiones y muchos lugares para resolver los problemas. Nuestra mesa era nuestro lugar seguro para sencillamente *estar* ahí.

• Todo lo que se necesita a fin de crear un santuario para simplemente *estar* juntos es una decisión consciente y un acuerdo compartido. Una habitación, la mesa de la cocina, la entrada de la casa... escojan ustedes. Simplemente designen un lugar al que todo el mundo entra desarmado. El siguiente paso es guiar a tu hijo hacia otros adultos, familias y grupos de jóvenes donde la seguridad sea la norma. Consejo: Si tienes alguna amistad o asistes a una iglesia donde no te sientas seguro, lo más probable es que tu hijo se sienta de la misma manera.

• Mantente al tanto. La estrategia de prevención aquí es involucrarse. No puedes saber si tu hijo está deprimido o desesperado con respecto a una pérdida o una injusticia real o percibida si pasas días sin un contacto significativo. Es difícil; todos estamos ocupados, pero hazlo de todas maneras. Si no puedes idear nada más, si tienes la suerte de poseer una lavadora de platos, desconéctala y haz que tu hijo seque los platos mientras tú los lavas. Haz lo que sea necesario para estar en contacto.

5.0

PREVENCIÓN
POR DENTRO Y POR FUERA

A veces las piedras caen del cielo y no hay nada que uno pueda hacer excepto darle gracias a Dios porque nuestro hijo está vivo cuando el polvo se asienta e intentar ordenar las ideas para saber qué paso dar a continuación.

En otros casos, las medidas preventivas están en orden. Los padres se hallan posicionados de forma única para prevenir cualquier dolor de cabeza. Esto no significa que un padre pueda impedir cualquier desastre, pero puede lograr mucho si sabe cómo hacerlo. Y el *cómo de la prevención* es muy parecido al *cómo de la intervención*: Es algo relacional y brota de la alianza con los hijos, otros padres y los lugares de estudio.

LA PREVENCIÓN ES PERSONAL

Algunos jóvenes son más susceptibles a las crisis porque carecen de la sabiduría necesaria para evitar problemas o de los recursos para recuperarse rápidamente. Los padres pueden estimular e incluso construir experiencias y percepciones de fortaleza personal en sus hijos que contribuyan a desarrollar habilidades para rechazar las malas influencias y mostrar resistencia después de una crisis.

LA PREVENCIÓN ES RELACIONAL

Arthur C. Clarke, el inventor científico novelista, logró este título honestamente. Él escribió *2001: A Space Odyssey*. También desarrolló la teoría básica sobre la cual fue lanzada la tecnología de comunicaciones satelitales. Y debió haber sido uno de los científicos más frustrados en el planeta al acercarse el año 2004.

Clarke, que se mudó a Sri Lanka en 1956, estaba trabajando en el *Proyecto Warn* con el Japan US Science Technology and Space Applications Program[1], un sistema de prevención de tsunamis para la región de Asia (similar a los sistemas que ya están instalados en otros lugares). Este sistema estaba programado para una prueba en la primavera del 2005. Sin embargo, eso resultó ser muchos meses *después* que un terremoto de 9.0 perturbó las aguas de la costa noroeste de Sumatra, desatando dos olas gigantescas que afloraron en un patrón de trescientos sesenta grados y mataron a más de doscientas mil personas desde Indonesia hasta Somalia.

Clarke sabía, tal vez mejor que cualquiera, que los satélites tenían limitaciones para detectar los tsunamis, ya que las olas *surgen* en lugar de *crecer*. Así que no hay señal obvia de cambios en la superficie para señalar lo que está sucediendo. En este caso, el nivel del agua subió y se movió a la velocidad de un avión comercial sin generar nada que pudiera ser *visto* desde arriba hasta que fue demasiado tarde para responder.

El diseño del *Proyecto Warn* depende de la *proximidad*. Una red de sensores se coloca a cierta distancia el uno del otro a lo largo de una ancha expansión de agua para medir patrones de cambio, ya que esto es lo que se necesita para detectar un tsunami... los sensores deben estar en el agua.

En la intervención de la crisis *las relaciones representan la proximidad*. Si no hay alguien lo suficiente cerca para percibir el alboroto, no hay nada que un padre pueda hacer para prevenir una crisis en la vida de un adolescente. La prevención efectiva de una crisis involucra una red de amigos y adultos interesados que se cuidan mutuamente y se conocen lo suficiente bien para percibir cuándo algo anda mal.

¿Qué tipo de crisis puede una red así prevenir?

- Adicción: Al observar y responder a los patrones de automedicación, impulsividad, coercitividad, sugestibilidad y habilidades de rechazo pobremente desarrolladas.
- Intimidación: Al crear ambientes seguros donde nadie pueda acosar o degradar a otro.
- Codependencia: Al observar y abordar ataduras a relaciones no saludables, así como intentos de agradar o rescatar a otros.
- Cortaduras y automutilación: Al observar y responder a la ira, la frustración, la ansiedad, la vic-

timización y los esfuerzos por cubrir o mostrar heridas y cicatrices.

- Desórdenes alimenticios: Al observar y responder a una apariencia corporal no saludable y actitudes no sanas hacia los alimentos.
- Escape o huida: Al observar y responder a patrones de conflicto familiar, frustración y ansiedad.
- Explotación sexual: Al observar y responder a evidencias de baja autoestima, desórdenes alimenticios, o ataduras a relaciones con personas mucho mayores o menores como si fueran de la misma edad.
- Suicidio: Al percibir y responder a la depresión, la desilusión, la ira o la falta de esperanza.
- Ausentismo: Al percibir y responder a patrones de aprendizaje pobremente desarrollados o en declinación, dificultades de percepción, y una notoria falta de motivación.
- Violencia: Al observar y responder a señales de victimización, frustración, ira, vandalismo, crueldad con los animales y abusos hacia sí mismo.

5.1 PREVENCIÓN INTERNA:
DESARROLLO DE LA RESISTENCIA

Resistir significa tener la capacidad de recuperarse rápidamente de una crisis. Los jóvenes con resistencia florecen después de una crisis porque tienen los recursos internos para lidiar con el mundo tal como es (sin importar cuán lejos pueda estar del mundo que ellos desearían tener).

No puedes proteger a tu hijo de la crisis. A veces los hijos buenos de padres buenos caen víctimas de los errores y las malas conductas de otros. A veces esos buenos hijos tienen accidentes, toman malas decisiones, giran a la derecha donde debieron virar a la izquierda. A veces les suceden cosas malas sin aparente razón.

Lo que *sí* puedes hacer es desarrollar la resistencia en tu hijo.

TOMA A LOS JÓVENES EN SERIO

Los jóvenes se sienten desestimados la mayor parte del tiempo. Su descripción de trabajo consiste principalmente en querer que los adultos les digan qué hacer y luego esperar a que los adultos les digan cómo les fue.

Cualquier padre puede sobresalir si toma a su hijo en serio, declarando su humanidad esencial (y la humanidad de sus amigos también, aun si lo vuelven un poco loco a veces).

Esto significa decir la verdad acerca de qué tipo de mundo es este... con toda su hermosura y su dolor. Implica reconocer que el mundo no es un lugar particularmente seguro para los hijos. Y prometer estar al lado de ellos pase lo que pase.

Tomar a los jóvenes en serio también quiere decir invitarlos a venir a nuestro lado para hacer cosas importantes. No conocemos a nadie que se lamente de haber llevado a sus hijos a los comedores para servir a su lado a los pobres, o a construir casas con Habitat for Humanity, o a convertirse en patrocinadores de niños en Compassion.

La Youth Peer Education Network [Red de educación de jóvenes por otros jóvenes] (Y-PEER) de las Naciones Unidas promueve los programas de aprendizaje entre compañeros en parte porque:

> Los que proponen alianzas entre los jóvenes y los adultos ven a los jóvenes como individuos con la capacidad de hacer contribuciones positivas y de amplio alcance cuando reciben apoyo y la oportunidad de desarrollar sus habilidades. Pocas cosas pueden demostrar tan concretamente que se cree en las capacidades de un joven como cuando adultos confiables comparten con los jóvenes el poder de tomar decisiones.
>
> La literatura deja pocas dudas de que la intervención de los jóvenes beneficia a aquellos adolescentes que participan de un modo significativo en los programas. Al proveerles a los jóvenes la oportunidad de desarrollar habilidades, competencias, liderazgo, confianza en sí mismos y autoestima, los programas que involucran a los adolescentes contribuyen a desarrollar la resistencia, un factor preventivo que puede ayudar a evitar consecuencias negativas para la salud y conductas peligrosas[1].

Lo que es verdad en cuanto a las experiencias eficaces basadas en la interacción entre compañeros es al menos igual de cierto con relación a las experiencias intergeneracionales: Los jóvenes que aprenden empatía, negociación y colaboración se convierten en personas con mayor resistencia.

ENSEÑA UNA AUTOEVALUACIÓN SALUDABLE

La autoevaluación es una habilidad por medio de la cual las personas descubren dónde se encuentran en el momento. Se trata de un posicionamiento global para el bienestar personal. Existen tres coordenadas:

- ¿Cómo me encuentro físicamente?
- ¿Cómo me encuentro emocional y espiritualmente?
- ¿Cómo me encuentro relacionalmente?

JH: Alguien en la corta e ilustre historia de los Alcohólicos Anónimos descubrió que los adictos que se recuperan tienen mayor tendencia a resbalar cuando se sienten hambrientos, enojados, solos o cansados. Ellos idearon un acrónimo que describe esas circunstancias (HALT, por sus siglas en inglés) y compartieron su sabiduría: *No llegues a estar demasiado hambriento, enojado, solitario o cansado.*

Esta herramienta maravillosa y simple me ha permitido escapar de más apuros de los que puedo contar. La primera vez que escribí acerca de esto fue muy refrescante:

Hace un par de semanas estaba listo para explotar con todos en la oficina. Las cosas no iban como lo habíamos planeado. En realidad, parecía como si nadie hubiera planificado nada, cosa que no era cierta, así que estaba muy enojado. Tan enojado, en verdad, que me detuve afuera de la puerta que estaba a punto de romper. Hice un alto (HALT) allí mismo y me pregunté:

- *¿Estoy hambriento?* Este... sí. Comí hace como seis o siete horas. Mi azúcar en la sangre está por los suelos.

- *¿Con quién estoy enojado y por qué?* En realidad,

mi enojo tiene muy poco que ver con la persona en esta habitación. Estoy molesto con otra persona en otra habitación que se comprometió a hacer una cosa y luego hizo otra, dejándome lidiar con las consecuencias.

- *¿Me siento solo?* Sí. Me siento totalmente aislado ahora mismo.

- *¿Estoy cansado?* Ayer fue un día muy largo, anoche fue una noche muy corta.

Todo esto sucedió en unos cinco segundos. Me di la vuelta y me dirigí a mi oficina, comí algo, llamé a mi esposa para conversar por unos minutos, pensé acerca de lo que en realidad quería decirle a la persona que no cumplió su palabra, y revisé mi lista de cosas pendientes para ver qué podía ser pospuesto a fin de tener un comienzo fresco a la mañana siguiente.

Hecho esto, tuve una breve pero específica discusión con la persona con la que estaba realmente enojado, terminé un par de detalles, apagué las luces y me fui a casa. Algo mucho más saludable que la balacera que casi provoco con el resto del equipo.

Les he ensañado a los jóvenes acerca de HALT también. Una luz se encendió cuando le conté a mi amigo Brian acerca de este método. Él estaba teniendo conflictos emocionales y relacionales con su vida fuera del lugar de estudios. Le pedí que describiera su rutina cada tarde: Terminar la escuela, manejar al trabajo, comer chocolates y tomar gaseosas, marcar la tarjeta y comenzar a trabajar.

—¿Y qué sucede unos treinta minutos después de eso? —le pregunté.

—Me desmorono —dijo pensativo—. Me pongo de mal humor y nadie quiere trabajar conmigo.

—¿Por qué crees que sucede esto?

—Creo que debo tener baja el azúcar.

—¿Qué crees que podrías hacer de manera diferente?

—Podría comer con más inteligencia —dijo él.

Y así lo hizo, al día siguiente y luego cada día (más o menos). Y esto cambió su vida.

En serio. Cambió su vida así como aprender a escribir cambia la vida de las personas. No se trata del regalo del habla, pero es una nueva herramienta, una manera de mejorar la utilidad del regalo.

Mi modesta propuesta: Aprende a emplear el método HALT y enséñaselo a tus hijos.

ENSEÑA UN VOCABULARIO EMOCIONAL SOFISTICADO

La mayoría de los jóvenes hereda de sus padres un vocabulario emocional pobre (quienes a su vez solo están trasmitiendo lo que recibieron de *sus* padres). Como consecuencia, los jóvenes están pobremente equipados para expresarse con claridad. En realidad, al carecer de un lenguaje para describir sus experiencias, pueden sentirse desconcertados por lo que esas experiencias representan.

El problema no es nuevo, pero sus consecuencias parecen haberse combinado en los años recientes. El sexo, la violencia, las borracheras, el fracaso, los insultos, el entusiasmo, la excelencia, el dolor... todas estas experiencias han llegado a describirse con las mismas palabras.

Así que no hay lenguaje para ultrajar. Si un joven utiliza de modo habitual las palabra más extremas del lenguaje para una conversación ordinaria con sus amigos, ¿luego qué? No queda nada para sus enemigos. En ausencia de un lenguaje, ¿qué queda para expresar? Le sería mejor tener una pistola debajo del asiento del carro, ¿no?

Los padres pueden enseñarles a sus adolescentes un vocabulario emocional más sofisticado (asumiendo que ellos adquieran uno para sí mismos) y ayudarlos a aprender a usarlo correctamente. Los jóvenes necesitan conocer la diferencia entre decepción y frustración, sorpresa y conmoción, alivio y satisfacción.

JH: Un par de semanas antes de escribir estas líneas estaba intentando servir de mediador en una situación familiar complicada cuando el padre dijo que pensaba que su hijo era un irrespetuoso. Le pedí que me explicara más con relación a la falta de respeto que sentía y luego, sin estar todavía seguro de a dónde él quería llegar, le pregunté:

—¿Diría usted que siente que no lo *respetan* o que lo han *traicionado*?

—Traicionado —me contestó enfáticamente.

Luego comenzó a expresar sus percepciones de la traición de su hijo.

—Permítame preguntarle algo —dije—. ¿Se siente más *traicionado* que *defraudado*?

Su rostro se suavizó visiblemente.

—Sí, eso es —señaló—. Sencillamente me siento defraudado.

Entonces habló acerca de su decepción por haber sido engañado de forma reiterada e intencional. El hombre y su hijo estuvieron de acuerdo en que hay una gran diferencia entre *no ser respetado, ser traicionado,* y *sentirse defraudado.* Eso no fue suficiente para resolver su problema, pero representó un momento de claridad en una circunstancia muy oscura.

Facultar a los jóvenes con un vocabulario emocionalmente rico desarrolla la resistencia al permitirles identificar justo cuán mal están las cosas y medir su progreso antes, durante y después de un período de crisis. En el apéndice 6.3 encontrarás una lista de descripciones emocionales que te ayudarán a ti y a tu hijo a describir lo que en realidad estás sintiendo y a decir lo que en verdad quieres decir.

5.2 PREVENCIÓN EXTERNA:
ESTABLECIMIENTO DE
ALIANZAS PREVENTIVAS

LA PREVENCIÓN BROTA DE LAS ALIANZAS

En la mayoría de los casos, la red de relaciones que hace que la prevención funcione es natural y resulta obvia para el observador casual. Se trata de una red de padres, amigos y adultos interesados que están lo bastante cerca para darse cuenta cuando algo anda mal.

Sin embargo, en ocasiones eso no es suficiente. A veces lo que se requiere es una red de alianzas intencionales que incluyen a los hermanos y otros jóvenes, los maestros, los administradores de los centros educativos y otros padres.

- Los amigos por lo general son los primeros en percibir las señales de problemas.
- Los hermanos a menudo ven lo que los padres pasan por alto.
- Otros padres con frecuencia perciben cuándo las cosas están de cabeza en el vecindario, incluso si no saben qué hacer al respecto.
- Los maestros ven a los alumnos muy a menudo y pueden rastrear el flujo de la interacción social y el bienestar emocional.
- Los administradores educativos pueden brindar

enfoque y un sentido de urgencia ante un problema que emerge.

LOS JÓVENES COMO ALIADOS PREVENTIVOS

Nadie está más cerca de los jóvenes que otros jóvenes. Se trata literalmente de una cuestión de proximidad. Esa es también la razón por la que movilizar a los adolescentes a crear una comunidad preventiva tiene mucho sentido.

Los jóvenes se relacionan con sus compañeros aun más que los maestros y con una profundidad *posiblemente mayor* a lo largo de más temas de la vida que cualquier adulto. Decimos posiblemente mayor porque siempre es factible mantener las cosas al nivel de los juegos de vídeo y los chismes de la cultura popular, y eso es justo lo que muchos jóvenes hacen.

Una forma de contrarrestar esto es convirtiendo tu hogar en un santuario para los jóvenes.

La creación de un ambiente seguro

No permitas que nadie sea acosado por cualquier persona en tu casa, ya sea desde el punto de vista físico, emocional, intelectual, social o espiritual. Haz de tu hogar la clase de lugar que atrae a los amigos de tus hijos porque allí reciben un amor incondicional y una aceptación que no pueden recibir en ningún otro lugar.

Crear un hogar seguro comienza cuando rompes el código de silencio con tus hijos. El código de silencio gira alrededor de la pretensión de que todo está bien cuando en realidad no lo está. Algunos días son maravillosos. Algunos días son mejores que otros. El resto apesta. Todos sabemos eso. Cuando la norma social es fingir que nadie ha experimentado un fracaso reciente y nadie enfrenta cuestiones que no puede manejar, entonces no hay forma de hacer del hogar un lugar seguro. Cuando accedes a lidiar con la vida tal como es, en lugar de con la vida tal como debería ser, tendrás la oportunidad de ayudar a los jóvenes a lidiar con los pequeños problemas en lugar de escuchar acerca de sus esfuerzos solo después que todo ha salido mal.

Nadie puede convertir su hogar en un lugar seguro con solo desearlo. La seguridad es engendrada poco a poco a través de contar historias. Tu familia se siente segura cuando *cualquier* historia puede ser contada sin temor al castigo —y quizás más importante todavía, con la esperanza de obtener ayuda— si eso es lo que se requiere para un final feliz. Tal cosa no significa ir alrededor de la mesa y someter a escrutinio a cada uno cada vez que están juntos (lo que es justo una buena motivación para aprender a fingir y ocultar la verdad). Significa comunicar que la historia de cada uno es bienvenida. Significa escuchar con compasión, refrenando los juicios y manteniendo la confidencialidad apropiadamente.

Por lo general, los jóvenes saben cuándo las cosas están de cabeza porque ellos sufren de todo, desde estrés psíquico y pérdida de peso hasta derrumbes relacionales. Algunos jóvenes tratan de adormecer su dolor con más de lo que lo está causando... como los fumadores que encienden otro cigarrillo porque sus pulmones los están matando. No se necesita mucho tiempo para averiguar que eso no funciona. Lo que se requiere es un lugar seguro para abrazar la realidad y decidir qué hacer al respecto. El hecho de que juzgues a tu hijo no acelerará el proceso. Sin embargo, las preguntas honestas e invitadoras lo harán: «¿Está funcionando en realidad está conducta para ti? Porque te ves miserable (o desesperado, maniático, fuera de control, asustado, o lo que encaje aquí)».

No nos malinterpretes: La seguridad no se trata de adoptar la pose de que *todo está bien*. Es solo que mientras menos juzgues, más revelarán los adolescentes.

Enséñales a tus propios hijos las prácticas de escuchar con profundidad de la sección 2.4. Cuando ellos aprendan a hacer buenas preguntas y escuchar bien —cuando toda tu familia aprenda a evitar juzgar sin sabiduría— el resultado será la confianza. Y de la confianza nace la seguridad.

Los hogares seguros hacen espacio para el silencio. Si haces una pregunta y no obtienes una respuesta rápida, puede significar que tu hijo está confundido. O dormido. O ausente.

O el silencio puede significar que el joven está pensando. Si no puedes discernir de qué se trata, pregunta.

Cuando creas un hogar genuinamente seguro, tus hijos y sus amigos llegarán a ser aliados en la prevención al cuidar los unos de los otros durante esas horas en las que no estás presente.

Cultivando la empatía

La empatía significa identificarse con lo que la otra persona siente. La empatía es la característica estándar de los hogares saludables, porque cada uno conoce la verdad acerca de todos los demás. Y conocer la verdad abre la puerta para entender que estamos en esto todos juntos.

Cuando los miembros de las familias están lo suficiente cerca los unos de los otros, resulta que nadie es mejor que los demás, o peor, o en realidad tan diferente del resto. Esta es la lección más antigua de este libro. Las diferencias entre nosotros no están en los *hechos* de nuestro quebrantamiento o nuestras equivocaciones, sino solo en los detalles. En esto radica la antigua broma de Louie Anderson, el enormemente talentoso comediante. Anderson, que siempre ha luchado con su peso, dijo que vio una fotografía de un tipo que pesaba mil doscientas libras. «¡Mil doscientas libras!», murmuró Anderson. «¡Vaya, *ese* tipo sí tiene un problema con su peso!».

En el hogar donde hay empatía, los miembros de la familia dejan de tratar de desviar la atención de sus debilidades al apuntar a las debilidades de otros. El resultado es una seguridad en constante crecimiento.

Probablemente no es una suposición alocada pensar que la mayoría de los jóvenes se pierde en el mapa emocional una vez que han pasado más allá de su zona de comodidad. Puesto que la empatía involucra identificarse con las emociones de otra persona, es bueno tener un lenguaje común. Utiliza el mapa emocional del apéndice 6.3 para ayudar a tu hijo a construir un vocabulario que demuestre empatía.

Intervención de los amigos y referencia

Puedes enseñarles a los adolescentes el arte de intervenir en las crisis. La mayor parte de este tipo de intervención no será llamada *intervención*; se denominará *amistad*.

Ayuda a tus jóvenes a aprender que llamar a alguien *amigo* significa más que *me caes bien*. La amistad es un compromiso de velar por los mejores intereses de la otra persona. Eso significa ayudarle a obtener lo que desea... a menos que lo que desee no sea evidentemente lo que necesita. Significa impedir que se involucre en conductas autodestructivas. Significa hacer las preguntas difíciles cuando el adolescente ha crecido demasiado para tener rabietas.

Si un enemigo es alguien que te apuñala por la espalda, un amigo es alguien que te apuñala por el frente quirúrgicamente, pidiéndote cuentas a fin de conseguir la ayuda que necesitas para seguir creciendo. Ayuda a tus hijos a entender que un amigo hace esto no porque sea *mejor* que ellos, sino porque es muy *parecido*. Enséñales a tus hijos los principios de la *intervención* de la sección 3.3.

Luego puedes exhortarlos a buscar la ayuda de alguien más para un amigo cuando el problema los supere a ambos. Pedir ayuda es difícil para los jóvenes por la misma razón que es difícil para los adultos: orgullo, temor, ambición, deseos, y quién sabe qué cosas más. Ayuda a tus hijos a aprender a liberarse de esos sentimientos al hacerles entender que no hay fracaso en admitir que su amigo necesita más de lo que ellos pueden aportar... así como no hay nada heroico en guardarse el problema una vez que tienen una razón para pensar que su amigo está en serios apuros. Recuerda: *No se trata de mí; no se trata de mí; no se trata de mí*.

Hablando de esto, quizás no seas la persona indicada para ayudar al amigo de tu hijo. Además de ti, ayuda a tu hijo a identificar a otro adulto competente —un líder juvenil, un maestro o alguien del lugar de estudios— que probablemente pueda intervenir rápidamente de ser necesario. Dales el número telefónico de la línea de crisis de tu ciudad como un recurso adicional.

OTROS PADRES COMO ALIADOS

Es verdad que algunos padres son despistados y otros hasta malévolos, pero la mayoría de ellos tienen buena intensión.

(Aquellos que no la tienen están en una clase especial reservada para los sicópatas y el diablo... y es probable que no te encuentres con muchos de ellos).

La mayoría de los padres hacen su mejor esfuerzo dadas las circunstancias. Esas circunstancias pueden incluir: preparación mediocre o malísima para ser padres, estrés profesional o financiero, infelicidad personal, debilidad, quebrantamiento, distracción, adicción, confusión, mala información, fatiga, ansiedad, falta de madurez, pobres habilidades relacionales y falta de raíces espirituales... además de ingenuidad, arrogancia, temor, ambición y deseos que hemos visto de vez en cuando en nuestros propios espejos.

Para nuestro bien o nuestro mal, los padres son seres humanos con todas las características positivas y negativas asociadas a esa bendita condición.

Algunos padres ven a sus hijos con desprecio, pero la mayoría no lo hace.

Algunos padres están siempre enfocados en sí mismos, pero la mayoría no.

Algunos padres no son razonables, pero la mayoría lo es.

Esto significa que la mayoría de los padres pueden ser tus aliados en la prevención, así sea solo porque tienen la proximidad para prestarles atención a los jóvenes que pasan por sus puertas. Más allá de eso, muchos padres están buscando aliados para ayudarse en una tarea que es exclusiva de ellos: Preparar a sus hijos para ser hombres y mujeres.

He aquí cuatro maneras de involucrar a otros padres como aliados en la prevención:

1. Análisis de la realidad. Si crees que algo está fuera de equilibrio con un joven, habla con sus padres... *discretamente*. No los alarmes y no crees sospecha, solo pregunta cómo le va. Si ellos quieren saber por qué estás preguntando, diles que no estás seguro. Coméntales que algo sencillamente se siente diferente cuando el joven está en tu casa y te preguntabas si solo tú lo habías percibido. Si estás *seguro* de que algo anda mal, deberías comenzar la conversación con una afirmación acerca de esa convicción (en lugar de una pregunta que puede ser vista como una trampa).

Si los padres parecen perturbados por tu pregunta, recuérdales que los episodios a corto plazo de depresión, ansiedad, ira, déficit de atención, fluctuación de peso y torpeza por lo general son muy comunes en la adolescencia y no hay nada de qué apenarse. Afírmales que no te estás entrometiendo o especulando, solo estás pendiente del bienestar de un tremendo chico.

2. Advertencia temprana. Pregúntales a otros padres de qué están hablando otros adolescentes, las madres y los padres en el vecindario. Tu conciencia de las subculturas puede advertirte de algo que otro adulto podría perder de vista. Esta noción es prestada del estudio sobre las epidemias, en el cual los sucesos relacionados con la salud agrupados pueden ser una advertencia temprana de un peligro público más grande[1]. Por lo general no lo son, pero podrían serlo.

Por ejemplo, si tu pregunta casual tiene como resultado algunas referencias a un número inesperado de peleas, embarazos, desórdenes alimenticios, escapes, hospitalizaciones, accidentes de tránsito o explosiones en hogares móviles, eso puede darte una pista de un incremento en la actividad sexual, el uso del alcohol, o la llegada de una nueva droga a tu comunidad. O podría ser una señal de un incremento en la violencia o las actividades de las pandillas. Como en la medicina, tales agrupamientos por lo general resultan ser coincidencias y no tienen relación, pero de vez en cuando apuntan hacia algo significativo.

3. Creadores de redes. Existen adultos en tu red de padres que pueden presentarte a personas que necesites conocer de la amplia comunidad de escuelas, iglesias, hospitales y fuerzas del orden público. No utilices la guía telefónica cuando puedes obtener una buena recomendación de alguien que conoces.

4. Hospedadores. Llegará el momento en que necesites arreglar unas cuantas noches de hospedaje para un joven o un cónyuge —tuyo o de alguien más— que necesita un tiempo alejado de su casa. Existen otros padres que pueden apoyarte en ese instante.

Las únicas cosas que pueden impedirte involucrar a otros padres como aliados en la prevención son tu propio orgullo, el temor, la miopía o la inercia (a veces experimentada como pereza).

Considera desarrollar un aprendizaje entre compañeros y una red de apoyo. Nos inclinamos por un proceso llamado *Desarrollando gente capaz*[2]. Obtén adiestramiento para ti y una pareja de padres y adelante.

ALIANZAS PREVENTIVAS CON LOS CENTROS DE ESTUDIO

Si escuchamos a una persona más hablar mal de los maestros, habrá problemas. Nadie tiene más contacto con los jóvenes que los maestros. Los administradores de los centros educativos y las personas que laboran en esos lugares están justo detrás de ellos. ¿Acaso alguien piensa que trabajan allí por el dinero? ¿O por las jornadas cortas de trabajo? ¡Por favor!

Existen excepciones y algunas partes del sistema educativo no funcionan bien, pero la mayoría de los maestros que conocemos están dedicados a los estudiantes y se muestran sorprendidos y heridos cuando su devoción es cuestionada. Lo mismo se aplica a los administradores y el personal, que en su mayoría son profesionales comprometidos. Eso los convierte en aliados naturales una vez que queda claro que compartes su compromiso.

El apéndice 6.6 es un glosario de términos comunes de los programas de prevención e intervención basados en la comunidad y los centros educativos (los cuales emplean muchas abreviaturas y un vocabulario específico que ni te imaginas). Así que sé paciente cuando tengas contacto con estas personas, pide aclaraciones cuando no sepas de qué están hablando, y mantén este libro a la mano para que puedas buscar los términos que no comprendiste bien mientras todavía eres capaz de recordar las abreviaturas y palabras que escuchaste.

Considera afiliarte a una organización basada en la comunidad que esté dedicada a ayudar a las escuelas. Busca organizaciones que involucren a los padres y velen por los jóvenes. Estas entidades siempre están en busca de gente nueva.

Después de asistir a varias reuniones —y haber escuchado con atención lo suficiente— haz algo que muchas personas en esos grupos nunca piensan hacer: Diles que te gustaría visitar a un par de administradores educativos para saber cómo se sienten ellos acerca de sus programas y recursos de prevención.

Asumiendo que esto no es problema para nadie, pregúntales a tus hijos y sus amigos quiénes de los administradores tienen reputación de interesarse por los jóvenes, y luego haz una cita con al menos uno de esos individuos para presentarte y preguntar en nombre de tu organización comunitaria cuáles programas de prevención e intervención les gustaría tener en sus instalaciones. En la primera reunión:

- Explica que no tienes intereses personales más que averiguar qué están haciendo en cuanto a la prevención y la intervención en el lugar de estudios, así como con qué desearían contar para ayudarles a hacer un mejor trabajo. Si parecen sospechar que tienes intereses escondidos, no es tu culpa; es de alguien que vino antes que tú con un hacha para destrozar o con algo para vender.
- Promete reportarle tu conversación a la organización comunitaria a la que te has alineado. Pregunta si hay algo de la conversación que el administrador desea que *no* incluyas en tu reporte verbal.
- Escucha más de lo que hablas.
- Haz un reporte fiel y generoso para tu grupo comunitario, y si puedes, ayuda a la escuela a conseguir lo que necesita para cuidar mejor a sus estudiantes.

Lo menos que podría resultar de una interacción de este tipo es que ahora conoces a alguien en una escuela por si alguna vez necesitas ayuda allí. Y eso no está mal.

5.3 UNA PALABRA **FINAL**

RVP: Tim fue el último en nacer en una familia con otros tres hijos. Siempre pensé que su madre ama de casa y su padre médico calificarían fácilmente para el concurso de los mejores padres del mundo: involucrados por completo en la iglesia, la escuela, la comunidad y las vidas de sus hijos.

Excepto por una cosa. No se percataron de que Tim era un alcohólico secreto. Para ser justos, hay que decir que lo ocultó con mucho cuidado durante toda la secundaria. Nadie se había enterado de que para el año de su graduación necesitaba ya un pequeño empujoncito cada mañana para iniciar el día. Ni siquiera está claro si sus amigos estaban al tanto de que bebía entre clases para soportar mejor la jornada. Eso es ser muy bueno para ocultar las cosas.

Y el alcohol más o menos funcionaba para Tim, justo hasta que en su segundo año de la universidad, un oficial de la policía lo detuvo por no detenerse en una señal de alto y le sintió aliento a cerveza. Aun allí la tolerancia de Tim al alcohol le permitió caminar en línea recta. No obstante, el detector lo delató; su nivel de alcohol en la sangre estaba mucho más arriba del límite permitido por la ley.

Puedes imaginar la conmoción y la vergüenza de sus padres al enterarse de que su hijo había crecido para convertirse en un borracho. Sin embargo, por más que la madre y el padre de Tim intentaban negar la severidad de su condición, por más que intentaban proteger el nombre de la familia y la reputación de su hijo, tomaron una decisión difícil y lo internaron en un programa de tratamiento residencial en contra de su voluntad.

Fue una recuperación turbulenta. Meses de tratamiento, interrumpido por múltiples recaídas, pusieron a prueba su determinación. Luego Tim se inscribió en las fuerzas armadas y dejó de estar bajo su custodia. No obstante, no escapó del cuidado amoroso de sus padres. Ellos nunca se rindieron con él, y en algún punto esto hizo reaccionar a Tim.

Después de un tiempo en el ejército, regresó a la universidad y luego asistió a la escuela de medicina. Tim está ahora en sus treinta y es un hombre de familia. Estoy muy feliz de informar que se lleva muy bien con sus padres; por cierto, Tim recientemente relevó a su padre en la práctica médica.

JH: Aún no anochecía cuando mi amigo encontró a su hija de diecisiete años en el suelo de su habitación. Se había rasgado una cruz en su pecho —¿o era una X?— y consumido un frasco entero de pastillas. Muy cerca de ella estaba una caja vacía de helado… un placer final antes de renunciar a la vida. Yo la conocía muy bien. Ella sufría de un desorden alimenticio del cual habíamos hablado muchas veces sin mucho efecto. Nunca supe que pensara de forma correcta en cuanto a la imagen de su cuerpo o el significado de la comida.

Así que se sorprendió mucho al despertar en el hospital, ya que ella nunca tuvo la intensión de hacerlo. En esos primeros días de recuperación, su padre dijo algo que expresaba la magnitud del cambio que la familia iba a emprender. «Ninguno de los sueños que tenía para ella importan», me dijo, «todo lo que importa es que está viva».

Los siguientes dos años fueron singularmente difíciles. Al principio, ella pasaba los días, incluyendo semanas intensas en los programas de tratamiento, *repensando... todo*. No asistió a su graduación; no desfiló con su clase; no fue a la universidad ese año; no disfrutó las promesas considerables de su vida de clase media alta.

Y resultó que nada de eso importó.

Hoy ella está más que meramente viva; ella está *viviendo*. Se encuentra en la mitad de sus treinta; casada con un hombre al que ama y que la ama; es madre de dos hermosos pequeños; y muy buena amiga de su padre y su madre... todas las cosas que le parecían imposibles la noche que tomó aquellas pastillas, se comió un pote de helado y perdió la conciencia.

Escribimos acerca de la crisis porque tenemos esperanza. Tenemos muchos amigos adultos cuyas vidas, cuando los conocimos como adolescentes, pudieron haber seguido cualquiera de los dos caminos; sin embargo, ellos dieron un giro para lo mejor en gran parte porque sus padres se mantuvieron a su lado, los apoyaron, y les dieron un sentido de esperanza cuando no tenían a dónde ir. Tenemos incluso más amigos que, aunque no los conocimos de jóvenes, cuentan historias similares.

Los padres a veces son los héroes de estas historias porque cuando las cosas van mal, muy a menudo renuncian a sus sueños y se colocan al lado de sus adolescentes para ayudarlos *tal como son*... no como se supone que deberían ser. Esto por lo general no tiene que ver con los finales de los cuentos de hadas; se relaciona con la recuperación; recoger las piezas; hijos e hijas tristes pero sabios; sacar lo mejor de una mala experiencia; caminar cojeando.

Y no hay nada de malo en eso. En un mundo perfecto sí lo habría, pero Dios sabe que este no es un mundo perfecto. «El hombre nace quebrantado», escribe Eugene O'Neill. «Vive para ser restaurado. La gracia de Dios es el pegamento que lo sostiene».

Sabemos una o dos cosas acerca de la restauración. En realidad, hemos llegado a depender de las segundas oportunidades... no conocemos a nadie que no necesite una buena dosis de ellas, incluyéndonos a nosotros. Si nosotros dos tenemos alguna capacidad para entender y mostrar misericordia, es solo porque el entendimiento y la misericordia nos han sido extendidos una y otra vez por personas muy cercanas y —estamos convencidos— por el Creador que nos ama y se dio a sí mismo por nosotros[1].

Por lo tanto, tenemos esperanza. Hemos experimentado la peligrosa situación de crisis por nosotros mismos y ya no sentimos temor.

Bueno, está bien, a veces todavía lo sentimos. C. S. Lewis no estaba precisamente brincando lleno de expectativas cuando le escribió a un amigo: «No estamos necesariamente dudando de que Dios hará lo mejor por nosotros; estamos preguntándonos cuán doloroso podría llegar a ser lo mejor»[2].

No sabríamos cómo decirlo de mejor manera. Abrazamos el dolor de lo mejor —para nuestros hijos y para nosotros mismos— porque hemos llegado a estar convencidos de que el Dios en quien confiamos no desperdicia el dolor.

Hemingway hace que uno de sus personajes diga: «El mundo quebranta a todos», y no hay argumento en contra de esto. De generación a generación, en cada rincón de la tierra, el registro de la humanidad abarca una trágica letanía de quebrantamientos. Sin embargo, ese registro no existe sin historias de redención y renacimiento de la esperanza. Así que es la segunda parte de la línea de Hemingway la que te invitamos a celebrar con nosotros, incluso si debemos hacerlo con cierta cautela: «El mundo quebranta a todos», dice Hemingway, «y después muchos se hacen fuertes en los lugares quebrantados»[3].

Nuestra esperanza tanto para ti como para nosotros y los jóvenes por los que nos preocupamos es que todos obtengamos lo que necesitamos para hacernos fuertes en los lugares quebrantados. Esa es la promesa de una oportunidad peligrosa.

✛ **Padres a prueba de crisis: Una guía para prevenir y curar los problemas de nuestros hijos**

6.0

APÉNDICES

- 6.1 Hoja de trabajo para el plan de acción
- 6.2 Dónde reportar el abuso de menores
- 6.3 Mapa emocional
- 6.4 Primeros auxilios para una sobredosis
- 6.5 La oración de serenidad
- 6.6 Glosario de términos de los servicios de protección de menores

6.1 HOJA DE TRABAJO PARA
EL PLAN DE ACCIÓN

I. ¿Cuál es el problema identificado (más allá del problema presente)?

II. ¿Cuáles son los posibles resultados (ambos, negativos y positivos)?

    A. ¿Cuál es el resultado más deseable?

    B. ¿Qué pasos generales se requieren para moverse hacia ese resultado? (Regresa a pasos más específicos luego).

III. ¿Quiénes son los participantes activos, y cuál es su interés en el resultado?

IV. ¿Quiénes son los participantes pasivos, y cuál es su interés? (¿Y qué se puede esperar de cada uno?).

V. ¿Cuáles son los recursos y los obstáculos para llegar a la meta?

VI. ¿Quién más debería estar involucrado en la solución?

    A. ¿Familiares?

    B. ¿Referencias profesionales?

        1. ¿Doctor?

2. ¿Siquiatra, psicólogo?

3. ¿Trabajador social?

4. ¿Fuerzas de seguridad?

5. ¿Abogado?

6. ¿Pastor?

7. ¿Personal educativo?

8. ¿Patrón o jefe?

9. ¿Amigos?

VII. ¿Qué pasos específicos deben darse?

A. ¿En qué orden?

B. ¿Quién debería ser responsable de cada paso?

C. ¿Quién debe proveer apoyo?

VIII. ¿Cuál es el cronograma?

IX. ¿Qué otros recursos son necesarios?

A. ¿Dinero?

B. ¿Transporte?

C. ¿Hospedaje temporal?

D. ¿Alimento?

E. ¿Otro?

X. ¿Quién proveerá apoyo continuo y sugerencias?

6.2 DÓNDE REPORTAR EL
ABUSO DE MENORES

Cada estado designa agencias específicas para recibir e investigar los reportes de sospechas de abuso y descuido infantil. Típicamente, esta responsabilidad es llevada a cabo por los Servicios de Protección de Menores (CPS, por sus siglas en inglés) dentro de un Departamento de Servicios Sociales, un Departamento de Recursos Humanos, o una División de Servicios de Familia y Menores. En algunos estados, los departamentos de la policía también pueden recibir reportes de abuso o descuido infantil.

Para más información o asistencia con los reportes, busca en la Internet una oficina dedicada a esos problemas en tu ciudad o acude a la estación de policía más cercana y allí podrán ayudarte al menos a encontrar cuál es la oficina del gobierno que puede ayudarte.

6.3 MAPA EMOCIONAL

FELIZ
Aceptado
Agradecido
Alegre
Amado
Animado
Apacible
Apreciado
Aprobado
Cálido
Calmado
Capaz
Comprendido
Cómodo
Con esperanza
Con regocijo
Contento
Despreocupado
Dichoso
Divertido
Emocionado
Entusiasmado
Extático
Fogoso
Gozoso
Inspirado
Jovial
Jubiloso
Necesitado

Optimista
Risueño
Satisfecho
Seguro
Vivaz
Juguetón
Complacido
Entusiasta
Satisfecho
Seguro
Sereno
Significativo
Soleado
Tranquilo

INFELIZ
Abatido
Aburrido
Afligido
Ahorcado
Apenado
Cautivo
Decepcionado
Deprimido
Desanimado
Descontento
Descorazonado
Enfadado
Espantoso

Insignificante
Lúgubre
Malhumorado
Melancólico
Molesto
Monótono
Oprimido
Oscuro
Nublado
Pesimista
Rechazado
Silencioso
Resentido
Sombrío
Tenebroso
Tétrico
Triste
Vacío

ENOJADO
Agitado
Airado
Amargado
Beligerante
Colérico
Desafiante
Desdeñoso
Despectivo
Disgustado

Encolerizado
Enfadado
Enfurecido
Exasperado
Fuera de forma
Furioso
Hirviendo
Indignado
Inflamado
Iracundo
Irritado
Molesto
Perturbado
Sulfurado

HERIDO
Abandonado
Acusado
Adolorido
Afligido
Agonizante
Apenado
Decepcionado
Defensivo
Degradado
Desconfiado
Desheredado
Dolido
Hecho de menos
Herido
Lamentable
Minimizado
Ofendido
Patético
Perseguido
Preocupado
Provocado
Puñal en la espalda
Resentido

Torturado
Traicionado
Usado
Victimizado

ABRUMADO
Abatido
Adormecido
Afligido
Agotado
Ahogándose
Aplastado
Arrastrado
Asombrado
Aterrado
Atónito
Bajo
Cansado
Confundido
Desesperado
Desinflado
Desmotivado
Desorientado
Enfermo
Entorpecido
Exhausto
Frío
Frito
Humillado
Huyendo
Impotente
Incapaz
Inconsolable
Mareado
Miserable
Paralizado
Perdido
Pesimista
Quemado

Renunciando
Rindiéndose
Sacudido
Triste
Vacío

EMOCIONADO
Audaz
Bravo
Calmado
Determinado
Firme
Fuerte
Hambriento
Impaciente
Intrépido
Resuelto
Seductor
Seguro
Sexy
Valiente

ANSIOSO
Absorto
Afligido
Agitado
Angustiado
Aprensivo
Cauteloso
Curioso
Dependiente
Distante
Dudando
Escéptico
Fascinado
Incrédulo
Indeciso
Inseguro
Interesado

Inquieto
Inquisitivo
Irresoluto
Perplejo
Preocupado
Solo
Sospechando
Vacilante

TEMEROSO
Acobardado
Agitado
Alarmado
Amenazado
Aprensivo
Asustado
Aterrorizado
Cauteloso
Con pánico
Consternado
Desalentado

Espantado
Histérico
Horrorizado
Inmovilizado
Inseguro
Intranquilo
Nervioso
Paralizado
Petrificado
Solo
Sospechando
Tembloroso
Tímido
Vacilante

CULPABLE
Arrepentido
Avergonzado
Con remordimiento
Despreciable
Egoísta

Equivocado
Estúpido
Fracasado
Incompetente
Infantil
Ingenuo
Inútil
Lento
Mal
Raro
Tonto
Torpe

COMPASIVO
Comprensivo
Conectado
Empático
Motivado
Preocupado

6.4 PRIMEROS AUXILIOS PARA UNA **SOBREDOSIS**

Esperamos que nunca necesites esto. No obstante, si lo necesitas, un conocimiento efectivo de los primeros auxilios puede ser determinante entre la vida y la muerte.

- Si la persona está consciente, no permitas que se duerma. Mantenla hablando y tan alerta como sea posible. Averigua que droga(s) ingirió y en qué cantidad.
- Si la persona está inconsciente o comatosa, revisa su respiración. Asegúrate de que la garganta esté libre de obstrucción. Revisa su cuerpo para ver si posee algún collar, brazalete o tarjeta médica de emergencia que identifique una condición clínica que podría haber causado los síntomas que estás viendo. De otra manera, busca botellas, frascos de pastillas o cualquier otra evidencia de lo que pudo haber sido ingerido o inyectado. Pregúntale a los amigos que podrían saber, pero que sienten temor de responder por miedo a meterse en problemas.
- Si eres capaz de identificar lo que ha sido ingerido o inyectado y tienes un teléfono a tu disposición, llama a emergencias, al centro de control de envenenamiento o a un hospital y pide instrucciones acerca de qué hacer ahora. Si no tienes acceso a un teléfono y puedes conseguir ayuda en un período de tiempo relativamente corto, no induzcas el vómito.
- Si la persona está consciente y ha tomado una

sobredosis en un período de dos horas, diluye el veneno o las drogas in el estómago con dos o tres tazas de agua e induce el vómito. Si la sobredosis fue inyectada, limpiar el estómago será de muy poca ayuda.

- Lleva a la persona al hospital o la clínica de emergencia más cercana lo antes posible y lo más seguro posible. Lleva cualquier botella vacía o frascos de las pastillas que sospechas que ingirió.
- Asegúrate de que otra persona, además del conductor, vaya al hospital para que pueda proveer asistencia si la persona con sobredosis vomitara y también para que monitoree su respiración.

6.5 LA ORACIÓN DE **SERENIDAD**

Dios, concédeme la serenidad para aceptar las cosas que no puedo cambiar, el valor para cambiar las cosas que puedo, y la sabiduría para conocer la diferencia; viviendo un día a la vez; disfrutando un momento a la vez; aceptando las adversidades como un camino hacia la paz; pidiendo, como lo hizo Dios, en este mundo pecador tal y como es, y no como me gustaría que fuera; creyendo que tú harás que todas las cosas estén bien si me entrego a tu voluntad; de modo que pueda ser razonablemente feliz en esta vida e increíblemente feliz contigo en la siguiente. Amén.

—atribuida a Reinhold Niebuhr

6.6 GLOSARIO DE TÉRMINOS DE LOS **SERVICIOS DE PROTECCIÓN DE MENORES**

Abogado especial asignado por la corte: Voluntarios adultos entrenados para abogar por menores abusados y abandonados que están involucrados en la corte juvenil.

Abstinencia: Síntomas que ocurren después que el uso crónico de una droga se reduce o detiene.

Abuso de drogas: El uso de drogas ilegales o el uso inapropiado de drogas legales. El uso repetido de drogas produce placer, alivia el estrés, o altera o evita la realidad (o los tres juntos).

Abuso de drogas prescritas: El mal uso intencional de un medicamento fuera de los estándares normalmente aceptados para su uso.

Abuso físico: Tipo de maltrato que se refiere a actos físicos no accidentales que causaron o pudieron haber causado lesiones físicas al menor. Esto puede incluir quemar, golpear, dar puñetazos, sacudir, patear o lastimar de alguna otra manera a un menor. Puede haber sido también el resultado de una disciplina excesiva o un castigo físico inapropiado a la edad del menor.

Abuso sexual: Un tipo de maltrato que se refiere a la participación del menor en actividades sexuales para proveer gratificación sexual o beneficio financiero al perpetrador adolescente o adulto, incluyendo contactos para propósitos sexuales al acariciar los genitales del menor, hacer que el menor acaricie los genitales del adulto, penetración, violación estatutaria, sodomía, exposición a la pornografía u otras actividades sexualmente explotadas. Para ser considerados abusos sexuales, estos actos deben ser cometidos por una persona responsable del cuidado del menor (por ejemplo una niñera, un padre, o un proveedor de cuidados diarios) o relacionada con el menor. Si un extraño comete estos actos, sería considerado un asalto sexual y manejado por la policía y las cortes criminales.

Acción de la corte: Acción legal iniciada por un representante de la agencia de los Servicios de Protección de Menores en nombre del menor. Esto incluye la autorización de ubicar al menor en un hogar adoptivo y solicitar la custodia temporal, la dependencia, o la terminación de los derechos de los padres. No incluye procedimientos criminales contra el perpetrador.

Ácido: Nombre común en las calles para el LSD (dietilamida de ácido lisérgico).

Acta de adopción y familias seguras (Adoption and safe families act —ASFA por sus siglas en inglés): Diseñada para mejorar la seguridad de un menor, promover la adopción y otros hogares permanentes para menores que lo necesitan y apoyar a las familias. La ley requiere que las agencias de los Servicios de Protección de Menores provean evaluaciones más recurrentes y enfocadas, así como servicios de intervención para los menores y las familias a las que el sistema de Servicios de Protección de Menores atiende.

Acta de prevención y tratamiento de abuso de menores [42 U.S.C. 5101 ET SEQ.] (Child Abuse Prevention and Treatment Act, por sus siglas en inglés CAPTA): Ley que provee el fundamento para la participación federal en la protección de menores y los servicios para el bienestar de menores. Las enmiendas de 1996 proveen, entre otras cosas, reportes de datos estatales anuales del maltrato infantil a la Secretaría de Servicios Humanos y de Salud.

Adicción: Una enfermedad crónica y reincidente caracterizada por la búsqueda y el abuso compulsivo de drogas, así como por cambios químicos perdurables en el cerebro.

Admisión: Las actividades asociadas con la recepción de un referido, la evaluación, la decisión de aceptar, y la participación de individuos o familias en los servicios.

Agencia de estado: La agencia en un estado que es responsable de la protección infantil y el bienestar de los menores.

Alucinógenos: Un grupo diverso de drogas que alteran las percepciones, los pensamientos y los sentimientos. Las drogas alucinógenas incluyen LSD, mescalina, MDMA (éxtasis), fenciclidina y psilocibina (hongos mágicos).

Analgésicos: Un conjunto de medicamentos que reducen el dolor.

Anfetaminas: Drogas estimulantes cuyos efectos son muy similares a la cocaína.

Anónimo o fuente de reporte desconocida: Un individuo que notifica a una agencia de los Servicios de Protección de Menores una sospecha de maltrato infantil sin identificarse a sí mismo; o la fuente del reporte es desconocida.

Arreglo de vida: Ver «Arreglos de vida de menores».

Arreglos de vida de menores: El ambiente hogareño en el cual el menor residía al momento del reporte (por ejemplo, familia o cuidado sustituto).

Audiencias de revisión: Llevadas a cabo por la corte juvenil y familiar para revisar las disposiciones (por lo general cada seis meses) y determinar la necesidad de mantener el cuidado fuera de casa o la jurisdicción de la corte con relación a un menor.

Audiencia de sentencia: Llevada a cabo por la corte juvenil y familiar para determinar si en caso de que un menor haya sido maltratado, existe alguna otra base legal para que el estado intervenga a fin de proteger al menor.

Barbitúrico: Un tipo de depresivo del sistema nervioso central a menudo prescrito para promover el sueño.

Benzodiacepinas: Un tipo de depresivo del sistema nervioso central prescrito para aliviar la ansiedad; entre los medicamentos mayormente prescritos se incluyen el Valium y el Librium.

Cannabis: El nombre botánico de la planta de donde proviene la marihuana.

CAPTA: Por sus siglas en inglés, Child Abuse Prevention and Treatment Act. (Ver «Acta de Prevención y Tratamiento de Abuso de Menores»).

CASA: Por sus siglas en inglés, Court-Appointed Special Advocate. (Ver «Abogado especial asignado por la corte).

Cerrado sin hallazgo: Disposición que no concluye con un hallazgo específico debido a que la investigación no pudo ser completada por razones como: la familia se mudó de la jurisdicción; la familia no pudo ser localizada; o necesidad de un diagnóstico u otros reportes que no fueron recibidos dentro de los límites requeridos de tiempo.

Coca: La planta, Erythroxylum, de donde se deriva la cocaína. También se refiere a las hojas de dicha planta.

Cocaetileno: Estimulante potente creado cuando la cocaína y el alcohol son utilizados juntos.

Cocaína: Una droga estimulante altamente adictiva de la planta de coca que produce sentimientos profundos de placer.

Cohorte natal: Un cohorte de nacimiento consiste en todas las personas nacidas entre un período de tiempo dado, como un año del calendario.

Concesión de abuso infantil y estado de negligencia: Fondo para los programas del estado que sirven a menores abusados y abandonados, otorgado bajo el Acta de Prevención y Tratamiento de Abuso de Menores (por sus siglas en inglés, CAPTA). Puede ser utilizado a fin de asistir a los estados en el ingreso y la evaluación, la filtración y la investigación de reportes de abuso y descuido de menores, el mejoramiento de los protocolos de evaluación del riesgo y la seguridad, el entrenamiento de los trabajadores de los servicios de protección y los reporteros mandatorios, y el mejoramiento de los servicios a los infantes discapacitados con condiciones que amenazan sus vidas.

Concesión del bloque de servicios sociales: Fondos provistos por el título XX del Acta de Seguridad Social que son utilizados para los servicios de los estados, los cuales pueden incluir el cuidado de menores, la protección de menores, los servicios de cuidado de menores y adoptivos, y las guarderías o cuidados diarios.

Concesión de recurso y apoyo familiar con base en la comunidad: Una concesión otorgada bajo la Sección 20 del Acta de Prevención y Tratamiento de Abuso de Menores que asiste a los estados para prevenir el abuso y el descuido infantil y promueve el desarrollo positivo de los padres y los menores al desarrollar, operar, expandir y aumentar una red de programas de recursos y apoyo para las familias con base en la comunidad y enfocados en la prevención que coordinan recursos entre un amplio rango de organizaciones de servicios humanos.

Contacto fuera de la corte: Una reunión, que no es parte de la audiencia judicial, entre el representante designado por la corte y el menor víctima. Tales contactos permiten obtener un entendimiento de primera mano de la situación y las necesidades del menor víctima, así como hacer recomendaciones a la corte con relación al mejor interés del menor.

Cónyuge no casado del padre: Alguien que tiene una relación con el padre y vive en la casa con el padre y el menor maltratado.

Cortes juveniles o familiares: Establecidas en la mayoría de los estados para resolver conflictos e intervenir de otras maneras en las vidas de las familias de una forma que promueva el mejor interés de los menores. Estas cortes se especializan en áreas tales como el maltrato infantil, la violencia doméstica, la delincuencia juvenil, el divorcio, la custodia de menores y el apoyo de menores.

Crack: Término callejero para la cocaína en forma fumada.

Cuidado adoptivo: Cuidado sustituto de veinticuatro horas para un menor ubicado lejos de sus padres o guardianes y a quien la agencia del estado tiene la responsabilidad de ubicar y cuidar. Esto incluye hogares de familias adoptivas, hogares adoptivos de familiares, hogares de grupos, refugios de emergencia, instalaciones residenciales, instituciones de cuidado de menores, y hogares preadoptivos, sin importar si las instalaciones poseen licencia y si los pagos para el cuidado del menor son hechos por el estado o la agencia local. El cuidado adoptivo puede ser provisto por aquellos relacionados o no con el menor. Todos los menores en cuidado por más de veinticuatro horas son contados.

Cuidado de parientes: Ubicación formal del menor por la corte juvenil y la agencia de bienestar en el hogar de un pariente del menor.

Cuidado fuera del hogar: Cuidado infantil, cuidado adoptivo o cuidado residencial provisto por personas, organizaciones e instituciones para menores que son ubicados fuera de sus familias, usualmente bajo la jurisdicción de la corte juvenil o familiar.

Cuidador: Una persona responsable del cuidado y la supervisión de un supuesto menor víctima.

Cuidado residencial u hogar de grupo: Instalaciones de veinticuatro horas de personas que no son familiares, las cuales pueden ser supervisadas por una agencia del estado o gobernada privadamente.

Dependencia física: Un estado psicológico adaptable que ocurre por el uso regular de drogas y resulta en síndromes de abstinencia cuando se detiene el uso de las mismas; habitualmente ocurre con tolerancia.

Depresivos: Drogas que alivian la ansiedad y producen sueño. Los depresivos incluyen barbitúricos, benzodiacepinas y alcohol.

Depresivos del sistema nervioso central: Una clase de drogas que deceleran las funciones del sistema nervioso central, algunas de las cuales son utilizadas para tratar la ansiedad y los desórdenes de sueño; incluyen barbitúricos y benzodiacepinas.

Descuido o privación de necesidades: Un tipo de maltrato que se refiere al fallo del cuidador de proveer el cuidado necesario según la edad a pesar de ser financieramente capaz de hacerlo o habérsele ofrecido los medios financieros u otros recursos para hacerlo.

- El descuido físico puede incluir no proveer alimento adecuado, ropa, cuidado médico apropiado, supervisión, protección del clima apropiada (calor o abrigo).

- El descuido educativo incluye el fallo en proveer para las necesidades educativas especiales o la inscripción en una escuela apropiada, así como permitir un ausentismo excesivo.

- El descuido psicológico incluye la falta de cualquier apoyo emocional y amor, falta de atención crónica del menor, exposición al abuso del cónyuge, o al abuso de drogas y el alcohol.

Desintoxicación: Un proceso que le permite al cuerpo deshacerse por sí mismo de una droga mientras maneja los síntomas de la abstinencia; a menudo es el primer paso en un programa de tratamiento de drogas.

Dextrometorfano: Un ingrediente que elimina la tos en una variedad de medicamentos para la tos y los resfriados del cual se abusa debido a sus efectos tóxicos. También llamado DXM y DM.

Disposición: Ver «Disposición de investigación».

Disposición de investigación: Una determinación hecha por una agencia de servicio social de que la evidencia es o no suficiente bajo la ley estatal para concluir que el maltrato ocurrió.

Disposición de reporte: La conclusión alcanzada por la agencia responsable con relación al reporte de maltrato perpetuado sobre el menor.

DM: Nombre común en la calle para el dextrometorfano.

Doble vía: Término que se refiere a los sistemas de respuesta de los Servicios de Protección de Menores que típicamente combinan vías de evaluación no adversarias y basadas en el servicio para casos en los que los menores no se encuentran en riesgo inmediato con la vía investigativa tradicional de los casos de Servicios de Protección de Menores donde los menores no están a salvo o corren mayor riesgo de maltrato. (Ver «Respuesta diferencial»).

Doctrina de la patria potestad: Originaria de la Inglaterra feudal, esta doctrina reviste al estado del derecho a la custodia de menores. Este concepto ha evolucionado gradualmente hacia el principio de que la comunidad, en adición al padre, tiene un fuerte interés en el cuidado del menor. Las escuelas, las cortes juveniles y las agencias de servicios sociales derivan su autoridad del poder del estado de asegurar la protección y los derechos de los menores como una clase única.

Droga: Un componente químico o sustancia que puede alterar la estructura y el funcionamiento del cuerpo. Las drogas psicoactivas afectan el funcionamiento del cerebro, y algunas de ellas pueden ser de uso y procesamiento ilegal.

Droga diseñada: Una parecida a las drogas restringidas que tiene propiedades psicoactivas.

Droga psicoactiva: Una droga que cambia la manera en que funciona el cerebro.

Droga sicodélica: Una droga que distorsiona la percepción, el pensamiento y los sentimientos. Este término es por lo general utilizado para referirse a drogas con acciones como el LSD.

DXM: Nombre común de la calle para el dextrometorfano.

Edad: Edad calculada en años cuando sucede el reporte de un abuso o descuido o hasta el 31 de diciembre del año en que se reporta.

Edad del perpetrador: La edad de un individuo del que se ha determinado haber causado o permitido con conocimiento el maltrato de un menor. La edad es calculada en años al momento del reporte del maltrato infantil.

Enlace: La designación de una persona dentro de una organización que tiene la responsabilidad de facilitar la comunicación, la colaboración y la coordinación entre las agencias involucradas en el sistema de protección del menor.

Equipo de revisión de muerte de menores: Un equipo estatal de profesionales que revisa todos los reportes que rodean la muerte de un menor.

Equipo multidisciplinario: Establecido entre agencias y profesionales dentro del sistema de protección de menores para discutir los casos de abuso y descuido de menores y ayudar en las decisiones de las varias etapas del procesamiento de los casos de los Servicios de Protección de Menores. Estos equipos pueden también incluir a personas designadas por distintos nombres, incluyendo *equipos de protección de menores*, *equipos interdisciplinarios*, o *equipos de consultoría de casos*.

Esteroides anabólicos: Sustancias sintéticas relacionadas con la hormona sexual masculina, que promueve el crecimiento del músculo esquelético y el desarrollo de las características sexuales masculinas.

Estimulantes: Una clase de drogas que elevan el estado de ánimo, incrementan los sentimientos de bienestar, y aumentan la energía y el estado de alerta. Estas drogas producen euforia y son de poderosa recompensa. Los estimulantes incluyen la cocaína, la metanfetamina y el metilfenidato (Ritalina).

Evaluación: Proceso por el cual la agencia de los Servicios de Protección de Menores determina si el menor u otras personas involucradas en el reporte de supuesto maltrato se encuentran en necesidad de servicios.

Evaluación de riesgo: Implica evaluar y medir la probabilidad de que un menor sea maltratado en el futuro, frecuentemente por medio del uso de listas de verificación, matrices, escalas y otros métodos de medición.

Evaluación de seguridad: Una parte del procesamiento de un caso en los Servicios de Protección de Menores en la cual la información disponible es analizada para identificar si un menor se encuentra en peligro inmediato de daños serios o moderados.

Evaluación familiar: El estado del proceso de protección del menor en el que el trabajador del caso de los Servicios de Protección de Menores, el proveedor de tratamiento comunitario y la familia alcanzan un entendimiento mutuo relacionado con las conductas y condiciones que deben cambiar para reducir o eliminar el riesgo de maltrato, las necesidades de tratamiento más críticas que deben ser atendidas, y las fortalezas sobre las cuales construir.

Éxtasis (moma): Una anfetamina químicamente modificada que tiene propiedades alucinógenas así como estimulantes.

Factores de riesgo: Conductas y condiciones presentes en el menor, el padre o la familia que probablemente contribuirán al maltrato infantil que ocurrirá en el futuro.

Factores protectores: Fortalezas y recursos que aparecen para mediar o servir como «amortiguadores» contra factores de riesgo que contribuyen a la vulnerabilidad al maltrato o contra los efectos negativos de las experiencias de maltrato.

Fatalidad: Muerte de un menor como resultado de abuso o descuido; ya sea debido a que una lesión resultante del abuso o descuido haya sido la causa de la muerte, o a que un abuso o descuido fuera un factor que contribuyó a la causa de la muerte.

Fecha de disposición de investigación: El punto en el tiempo al final de la investigación o evaluación cuando un trabajador de los Servicios de Protección de Menores declara una disposición del reporte de maltrato al menor.

Fecha de inicio de la investigación: La fecha cuando los Servicios de Protección de Menores inicialmente contactaron o intentaron tener contacto cara a cara con la supuesta víctima. Si este contacto cara a cara no es posible, la fecha sería cuando los Servicios de Protección de Menores inicialmente contactaron a cualquier parte que podía proveer información esencial a la investigación o la evaluación.

Fecha de reporte: El mes, día y año en que la agencia responsable fue notificada de la sospecha de maltrato infantil.

Fecha de servicio: La fecha en que las actividades comenzaron como resultado de las necesidades descubiertas durante la respuesta de los Servicios de Protección de Menores.

Filtración: El proceso de tomar una decisión acerca de aceptar o no una referencia de maltrato infantil.

Fuente del reporte: La categoría o papel de la persona que notifica a la agencia de los Servicios de Protección de Menores del supuesto maltrato infantil.

Fuerza de trabajo de los servicios de protección de menores: Los supervisores y trabajadores de los Servicios de Protección de Menores asignados para manejar un reporte de maltrato infantil. Puede incluir a otros miembros del personal administrativo, según sea definido por la agencia estatal.

Guardián *ad litem*: Un abogado o laico que representa al menor en una corte juvenil o familiar. Por lo general esta persona considera los «mejores intereses» del menor y puede ejecutar varios papeles, incluyendo aquellos de investigador independiente, abogado, asesor y guardián del menor. Un laico que sirve en este papel es a veces conocido como un *abogado especial asignado por la corte*. (Ver «Representante asignado por la corte»).

Guardián legal: Persona adulta a quien se le ha dado la custodia legal y la tutoría del menor.

Heroína: El potente y ampliamente abusado opiata que produce adicción. Consiste en dos moléculas de morfina unidas químicamente.

Infección notificable: Una infección notificable es aquella que, cuando es diagnosticada, se requiere usualmente por la ley que los proveedores de salud la reporten a los oficiales de salud pública del estado o locales. Las infecciones notificables son aquellas de interés público debido a cuán contagiosas, severas o frecuentes son.

Información a nivel de caso: Información presentada por los estados en el expediente del menor que contiene características individuales del menor o del reporte de maltrato.

Inhalante: Cualquier droga administrada al oler sus vapores. Los inhalantes comúnmente son solventes orgánicos, como el pegamento y el *thinner*, o gases anestésicos, como el éter y el óxido nitroso.

Inmunidad: Establecida en todas las leyes de abuso de menores para proteger a los informantes de ser enjuiciados por las leyes civiles y persecución criminal como resultado de presentar un reporte de abuso y descuido de menores.

Intencionalmente falso: La disposición de investigación no sostenida que indica una conclusión de que la persona que reportó la sospecha de maltrato sabía que la misma no era cierta.

Investigación: La reunión y evaluación de información objetiva para determinar si un menor ha estado o está en riesgo de ser maltratado. Por lo general incluye un contacto cara a cara con la víctima y resulta en una disposición de si la sospecha reportada es o no sostenida.

Investigación o evaluación inicial: El estado del progreso de un caso de los Servicios de Protección de Menores donde el trabajador del caso determina la validez del reporte del maltrato del menor; evalúa el riesgo de maltrato; determina si el menor está a salvo; desarrolla un plan de seguridad, de ser necesario, para asegurar la protección del menor; y determina los servicios que se precisan. Si el contacto cara a cara con la supuesta víctima no es posible, la investigación inicial sería cuando los Servicios de Protección de Menores contactaron por primera vez a cualquier parte que podía proveer información esencial para la investigación o la evaluación.

LSD (dietilamida de ácido lisérgico): Una droga alucinógena que actúa en el receptor de la serotonina.

Maltrato infantil: Un acto o fallo de actuar por parte de un padre, cuidador u otra persona definida bajo la ley estatal que resulta en abuso físico, descuido, descuido médico, abuso sexual, abuso emocional; o un acto o fallo de actuar que representa un riesgo inminente de serio peligro para el menor.

Maltrato sicológico o emocional: Tipo de maltrato que se refiere a actos y omisiones, distintas al abuso físico o abuso sexual, que causaron o pudieron haber causado desórdenes conductuales, cognitivos, afectivos o mentales de otro tipo. Incluye el descuido emocional, el abuso psicológico y las lesiones mentales. Con frecuencia ocurre como un patrón de abuso verbal o demandas excesivas sobre el rendimiento de un menor que le transmite al chico que no tiene valor, es imperfecto, no amado, no deseado, está en peligro, o solo posee valor para satisfacer las necesidades de alguien más. Esto puede incluir a padres o cuidadores que utilizan formas extremas o extrañas de castigo, o que amenazan o aterrorizan a un menor. El término «maltrato psicológico» también es conocido como abuso o descuido emocional, abuso verbal o abuso mental.

Mal uso de drogas prescritas: Tomar un medicamento de una manera distinta a la que fue prescrita o para una condición diferente a aquella por la cual el medicamento fue prescrito.

MDMA (éxtasis): Nombre químico común para el 3,4-metilendioximetanfetamina.

Marihuana: Una droga, usualmente fumada pero que puede ser ingerida, la cual está hecha de las hojas de la planta de cannabis. El ingrediente psicoactivo principal es THC.

Medicación: Una droga que es utilizada para tratar una enfermedad o infección según lo establecido por los lineamientos médicos.

Menor: Una persona menor de dieciocho años o considerada un menor bajo la ley del estado.

Menor víctima previo: Un menor víctima con reportes previos de maltrato con respuesta sostenida, indicada o alternativa.

Metadona: Un medicamento sintético de larga duración que es efectivo en el trato de la adicción al opioide (opiáceo).

Metanfetamina: Una droga estimulante potente de la que comúnmente se abusa y que es parte de la más amplia familia de las anfetaminas.

Modelo de conferencia de grupo familiar: Un modelo de reunión familiar utilizado por las agencias de los Servicios de Protección de Menores para optimizar las fortalezas familiares en el proceso de planeación. Este modelo reúne a la familia inmediata, otros familiares y algunas personas importantes en la vida de la familia (por ejemplo, amigos, pastor o vecinos) a fin de tomar decisiones con respecto a cómo asegurar de una mejor manera la seguridad de los miembros de la familia.

Modelo de unidad familiar: Un modelo de reunión familia utilizado por las agencias de Servicios de Protección de Menores para optimizar las fortalezas de la familia en el proceso de planeación. Este modelo es similar al modelo de conferencia de grupo.

NCANDS: Por sus siglas en inglés, The National Child Abuse and Neglect Data System [Sistema Nacional de Información de Abuso y Descuido Infantil].

Negligencia médica: Un tipo de maltrato causado por la falla del encargado de proveer el cuidado de salud apropiado para el menor a pesar de tener la capacidad financiera de hacerlo o haber recibido el ofrecimiento financiero o los medios para hacerlo.

Niña: Una mujer menor de dieciocho años.

Niño: Un varón menor de dieciocho años.

No cuidador: Una persona que no es responsable del cuidado y la supervisión del menor, incluyendo el personal de la escuela, los amigos y los vecinos.

No padre: Incluye a otros familiares, padres adoptivos, personal de las instalaciones de residencia, proveedor de cuidados diarios, proveedor adoptivo de cuidados, pareja no casada del padre, guardián legal y «otros».

No sostenida (insostenida): Una disposición de una investigación que determina que no existe suficiente evidencia para la ley o la política estatal a fin de concluir que el menor ha sido maltratado o se encuentra en peligro de maltrato. Una determinación de los Servicios de Protección de Menores que significa que no existe evidencia creíble de que ha ocurrido abuso o descuido infantil.

Oficina de menores: Agencia federal dentro de la Administración de Menores, Jóvenes y Familias del Departamento de Servicios Humanos y de Salud de los Estados Unidos.

Opioides: Drogas controladas o narcóticos mayormente prescritos para el manejo del dolor; químicos naturales o sintéticos basados en el componente activo del opio, la morfina, que funciona imitando las acciones de ciertos químicos que alivian el dolor producidos por el cuerpo.

Organización de salud mental: Una agencia o institución administrativamente pública o privada cuya preocupación primaria es la provisión de servicios directos de salud mental a los enfermos mentales o los perturbados emocionales.

- *Las clínicas siquiátricas independientes externas* proveen servicios solo a pacientes externos de modo regular o en situaciones de emergencia. La responsabilidad médica de los servicios es por lo general asumida por un psiquiatra.

- *Los hospitales generales que proveen servicios psiquiátricos separados* son hospitales generales no federales que proveen servicios psiquiátricos para pacientes internos, externos, o servicios de hospitalización con personal y espacio asignado.

- *Las organizaciones multiservicios de salud mental* proveen directamente dos o más de los elementos del programa definido como «Tipo de servicio de salud mental» y no son clasificables como un hospital psiquiátrico, un hospital general, o un centro de tratamiento residencial para los menores emocionalmente perturbados.

- *Las organizaciones de cuidado parcial* proveen un programa ambulatorio de servicios de salud mental.

- *Los hospitales mentales privados* son dirigidos por un solo propietario, alianza, alianza limitada, corporación u organización sin fines de lucro principalmente para el cuidado de personas con desórdenes mentales.

- *Los hospitales psiquiátricos* son hospitales cuya primera preocupación es proveer cuidado a los pacientes internos y un tratamiento a los mentalmente enfermos.

- *Los centros de tratamiento residencial* para los menores emocionalmente perturbados deben cumplir con los siguientes criterios:

* No poseer licencia como un hospital psiquiátrico y tener como propósito primario proveer tratamientos de salud mental individualmente planificados en conjunción con el cuidado residencial.

* Incluir un programa clínico que es dirigido por un psiquiatra, psicólogo, trabajador social o enfermera psiquiátrica con un grado académico.

* Servir principalmente a niños y jóvenes menores de dieciocho años.

* El diagnóstico primario para la mayoría de las admisiones es la enfermedad mental, clasificada como otra que no sea retraso mental, discapacidad de desarrollo y desórdenes relacionados con substancias.

• *Los hospitales mentales estatales y del condado* están bajo los auspicios del gobierno del estado o el condado o son operados conjuntamente por el gobierno del estado y el condado.

Pacto de servicio: El documento de trabajo del caso desarrollado entre el trabajador del caso de los Servicios de Protección de Menores y la familia, el cual delinea las tareas necesarias a fin de alcanzar las metas y los resultados requeridos para la reducción del riesgo.

Padrastro / Madrastra: El esposo o la esposa, por un matrimonio subsiguiente, de la madre o el padre del menor.

Padre: La madre que dio a luz o el padre, la madre o el padre adoptivo, o la madrastra o el padrastro del menor víctima.

Padre adoptivo: Una persona con la relación legal de padre de un menor con el que no se relaciona por su nacimiento, con los mismos derechos mutuos y obligaciones que existen entre un menor y sus padres biológicos. La relación legal ha sido finalizada.

Padre biológico: La madre que dio a luz o el padre del niño.

Padre de crianza o cuidador: Un individuo con licencia a fin de proveer un hogar para un menor huérfano, abusado, abandonado, delincuente o discapacitado, por lo general con la aprobación del gobierno o la agencia de servicio social. Puede ser un pariente o un conocido que no sea familia del menor, el padre o el guardián, incluyendo propietarios de la vivienda, pastores o líderes juveniles; por ejemplo, los líderes de los exploradores (Scouts) o los entrenadores de las ligas deportivas menores.

Pariente: Una persona conectada al menor por sangre, tal como los padres, hermanos o abuelos.

PCP: Fenciclidina, un anestésico disociado del cual se abusa debido a sus efectos de mediano alcance.

Perpetrador: La persona que se determinó ha causado o permitido con conocimiento el maltrato de un menor.

Personal de las instalaciones residenciales: Empleados de las instalaciones residenciales públicas o de un grupo privado, incluyendo los albergues de emergencia, los hogares de grupos y las instituciones.

Personal de salud mental: Personas empleadas por las instalaciones o prácticas de salud mental, incluyendo psicólogos, psiquiatras y terapeutas.

Personal de servicios sociales: Empleados de servicios sociales públicos o privados o de una agencia de bienestar social, así como cualquier otro trabajador social o consejero que provee servicios similares.

Personal educativo: Empleados de una institución o programa educativo público o privado; incluye maestros, asistentes de maestros, administradores, directores y otras personas asociadas de un modo directo con la entrega de servicios educativos.

Personal legal, de las fuerzas del orden público, o la justicia criminal: Personas empleadas por una agencia de justicia local, estatal, tribal o federal, incluyendo las fuerzas del orden público, las cortes, la oficina del fiscal del distrito, las agencias de libertad condicional, y otras correcciones comunitarias o instalaciones correccionales.

Personal médico: Personas empleadas por las instalaciones o prácticas médicas, incluyendo a los doctores, asistentes de doctores, enfermeras, técnicos de emergencia médica, dentistas, asistentes y técnicos dentales, así como a los quiroprácticos.

Placebo: Una sustancia inactiva usada en experimentos para distinguir entre los efectos reales de las drogas y los efectos que esperan los voluntarios que participan en los experimentos.

Plan de seguridad: Un documento del caso de trabajo que se desarrolla cuando se determina que un menor se encuentra en peligro inminente o potencial de sufrir daños severos. En el plan de seguridad, el trabajador del caso tiene como objetivo los factores que causan o contribuyen al peligro de inminente daño serio al menor, e identifica junto con la familia las intervenciones que controlarán los factores de seguridad y asegurarán la protección del menor.

Polvo de ángel: Nombre común en la calle para el PCP (fenciclidina).

Prevención primaria: Actividades orientadas a obtener una muestra de la población general para prevenir que el abuso y el descuido puedan ocurrir. También son conocidas como «prevención universal».

Prevención secundaria: Actividades orientadas a prevenir fracasos y disfunciones entre familias que han sido identificadas como estando en riesgo de abuso o descuido.

Prevención tercera: Esfuerzos de tratamiento orientados a abordar las situaciones en que el maltrato de menores ya ha ocurrido y con las metas de prevenir que ocurra en el futuro y evitar los efectos dañinos del maltrato infantil.

Prevención universal: Actividades y servicios dirigidos al público general con el objetivo de detener la ocurrencia de maltrato antes de que comience. También es conocido como prevención primaria.

Programa de promoción de familias seguras y estables: Programa que provee concesiones para los estados bajo la Sección 430, título IV-B, subparte 2 del Acta de Seguridad Social, según ha sido enmendada, para desarrollar y expandir cuatro tipo de servicios: servicios de apoyo a la familia basados en la comunidad; servicios innovadores del bienestar de los menores, incluyendo servicios de preservación familiar; servicios de reunificación con tiempo limitado; y servicios de promoción y apoyo de adopciones.

Programas de visitas al hogar: Programas de prevención que ofrecen una variedad de servicios enfocados en la familia a las madres embarazadas y las familias con nuevos bebés. Las actividades con frecuencia abarcan visitas estructuradas al hogar de la familia y pueden abordar ciertas prácticas positivas de ser padres, técnicas no violentas de disciplina, el desarrollo infantil, la salud materna y del niño, servicios disponibles y abogacía.

Protocolo: Un acuerdo entre agencias que delinea roles conjuntos y responsabilidades al establecer criterios y procedimientos para trabajar juntos en casos de abuso y descuido de menores.

Protocolo de entrevista: Un formato estructurado para asegurar que los miembros de la familia sean vistos según una estrategia planificada, los proveedores comunitarios colaboren, y se complete la obtención de la información.

Proveedor de guardería infantil: Una persona con la responsabilidad temporal de cuidador, pero que no está relacionada con el menor, como por ejemplo un miembro del personal de una guardería, un proveedor familiar de cuidado diario o una niñera. No incluye personas con la custodia legal o la tutoría del menor.

Provisión de servicio: La etapa del proceso del caso de trabajo de los Servicios de Protección de Menores en que se proveyó de servicios específicos orientados a la reducción del riesgo de maltrato.

Psicoactiva: Que tiene un efecto específico en la mente.

Psicoterapeuticos: Drogas que tienen un efecto en la función del cerebro y que a menudo son utilizadas para tratar desórdenes psiquiátricos. Pueden incluir opioides, depresivos del sistema nervioso central y estimulantes.

Raza: La categoría taxonómica primaria de la cual un individuo se identifica a sí mismo como miembro, o de la cual el padre identifica a un hijo como miembro (indio americano o nativo de Alaska, asiático, negro o afroamericano, hispano o latino, hawaiano o de otras islas del Pacífico, blanco, o incapaz de ser determinado).

Razón de sospecha: Una disposición de investigación que concluye que el maltrato no puede ser sostenido bajo las leyes o políticas estatales, pero existe razón para sospechar que el menor puede haber sido maltratado o estuvo en riesgo de maltrato. Esto es aplicable solo en los estados que distinguen entre disposiciones sostenidas e indicadas.

Recaída: En lo que se refiere al abuso de drogas, la recaída es la reanudación del uso de la droga después de intentar dejar de consumirla. La recaída es una ocurrencia común en muchos desórdenes crónicos, incluyendo la adicción, que requiere ajustes conductuales para ser tratada de un modo eficaz.

Recepción de reporte: La recepción de una referencia a la agencia por supuesto maltrato infantil.

Referencia: Notificación a la agencia de los Servicios de Protección de Menores de sospecha de maltrato infantil. Esto puede incluir a uno o más menores.

Referencias descartadas: Supuestos maltratos infantiles que no llenaron los estándares de aceptación del estado.

Registro infantil: Un registro a nivel de caso en el expediente del menor que contiene datos asociados con un menor sobre el que existe un reporte.

Relación del perpetrador: Papel primario del perpetrado con relación al menor víctima.

Reporte: La referencia de abuso o descuido de menores que fue aceptada para investigación o evaluación por una agencia de los Servicios de Protección de Menores.

Reportero mandatorio: Individuos requeridos por los estatutos del estado para reportar sospechas de abuso infantil y abandono a las autoridades competentes (por lo general a los Servicios de Protección de Menores o las agencias de las fuerzas del orden público). Los reporteros mandatorios típicamente incluyen a profesionales como educadores y demás personal educativo, profesionales del cuidado de la salud física y mental, trabajadores sociales, proveedores de cuidados infantiles, y oficiales de las fuerzas de seguridad. Algunos estados identifican a todos los ciudadanos como reporteros mandatorios.

Reportes filtrados: Referencias de maltrato infantil que cumplen con los estándares de aceptación del estado.

Representante asignado por la corte: Una persona designada por la corte para representar a un menor en un procedimiento de abuso o descuido. Puede ser un abogado o un abogado especial asignado por la corte (o ambos) y es a menudo conocido como un guardián ad litem. El representante hace recomendaciones a la corte concernientes a los mejores intereses del menor.

Respuesta diferencial: Un área de la reforma de los Servicios de Protección de Menores que ofrece mayor flexibilidad para responder a las alegaciones de abuso y descuido. También conocida como respuesta «de doble vía» o «multivías», le permite a las agencias de los Servicios de Protección de Menores responder de forma diferencial a las necesidades de seguridad del menor, al grado de riesgo presente, y a las necesidades de servicios y apoyo de la familia. (Ver «Doble vía»).

Revelación completa: Información dada a la familia por los Servicios de Protección de Menores relacionada con los pasos del proceso de intervención, los requerimientos de los Servicios de Protección de Menores, las expectativas de la familia, las consecuencias si la familia no llena las expectativas y los derechos de los padres, a fin de asegurar que la familia entienda completamente el proceso.

Riesgo: La probabilidad de que un menor sea maltratado en el futuro.

Seguridad: Ausencia de una inminente o inmediata amenaza de daño moderado o serio a un menor.

Servicios: Actividades públicas no investigativas o privadas no lucrativas provistas o continuadas como resultado de una investigación o evaluación.

Servicios de apoyo familiar: Actividades preventivas basadas en la comunidad diseñadas a fin de aliviar el estrés y promover destrezas y conductas en los padres que incrementarán la habilidad de las familias para nutrir a sus hijos exitosamente, capacitar a las familias para utilizar otros recursos y oportunidades disponibles en la comunidad, y crear redes de apoyo para aumentar sus habilidades como padres.

Servicios de postinvestigación: Actividades provistas o arregladas por la agencia de los Servicios de Protección de Menores, la agencia de servicios sociales o la agencia de bienestar de menores para el menor o la familia como resultado de las necesidades descubiertas durante el curso de una investigación. Incluye servicios tales como preservación de la familia, apoyo familiar y cuidado adoptivo. Los servicios de postinvestigación son facilitados dentro de los noventa días posteriores a la disposición del reporte.

Servicios de preservación de la familia: Actividades diseñadas para ayudar a las familias a aliviar las crisis que pueden llevar a la ubicación fuera del hogar de un menor, mantener la seguridad de un menor en su propio hogar, ayudar a las familias a prepararse para reunificarse o adoptar, y asistir a las familias a fin de obtener servicios y otros apoyos necesario para atender las múltiples necesidades de una manera culturalmente sensible.

Servicios de protección de menores (por sus siglas en inglés, CPS): Una agencia oficial del estado que tiene la responsabilidad de los servicios y las actividades para la protección de los menores. Recibe reportes, investiga y provee servicios de intervención y tratamiento a menores y familias en las que ha ocurrido el maltrato infantil. Con frecuencia esta agencia está ubicada dentro de agencias de servicios sociales públicos más grandes, como el Departamento de Servicios Sociales.

Servicios preventivos: Actividades con la mira de prevenir el abuso y el descuido de menores. Tales actividades pueden ser dirigidas a poblaciones específicas identificadas con un incremento en el riesgo de convertirse en abusivas y diseñadas para incrementar la fuerza y la estabilidad de las familias, incrementar la confianza y la habilidad de los padres, y lograr un ambiente estable para los menores. Incluyen los servicios preventivos de abuso y descuido infantil provistos por medio de fondos federales como la Concesión Estatal Básica de Abuso y Descuido Infantil, la Concesión de Recursos y Apoyo a la Familia con Base en la Comunidad, el Programa Promotor de Familias Seguras y Estables (título IV-B, subparte 2), la Concesión del Bloque de Salud Materna y de Menores, la Concesión del Bloque de Servicios Sociales (título XX), así como fondos locales y del estado. Tales actividades no incluyen campañas de conciencia pública.

Sistema de cuidado: Un sistema de cuidado es un proceso de crear una alianza entre un conjunto de agencias de servicio y las familias, trabajando juntos para proveer cuidado individual y apoyo diseñados para ayudar a los menores y las familias a alcanzar seguridad, estabilidad y la permanencia en su hogar y comunidad.

Sistema de respuesta alternativa: Un sistema de disposición de maltrato utilizado en algunos estados que provee respuestas más allá de sostenida, indicada y no sostenida. En tal sistema, los menores pueden ser determinados o no como víctimas de maltrato. Tal sistema puede ser conocido como un sistema «diversificado» o un sistema «necesitado de servicios».

Sostenida: Un tipo de disposición de investigación que concluye que el supuesto maltrato o riesgo de maltrato fue apoyado o fundamentado por la ley estatal o la política del estado. Una determinación de los Servicios de Protección de Menores significa que existe evidencia creíble de que el abuso o descuido infantil ha ocurrido. Representa el nivel más alto de descubrimientos por parte de una agencia del estado.

Supervisor de servicios de protección de menores: El director del trabajador de caso asignado a un reporte de maltrato infantil al momento de la disposición del reporte.

Supuesto perpetrador: Un individuo que se supone ha causado o ha consentido en el maltrato de un menor de acuerdo con un incidente de abuso o descuido del menor.

THC: Delta-9-tetrahydrocannabinol; el ingrediente activo principal en la marihuana, que actúa en el cerebro para producir sus efectos.

Tiempo de respuesta con relación a la investigación inicial: Una determinación hecha por los Servicios de Protección de Menores y las fuerzas del orden público con relación a cuán inmediata es la respuesta necesitada para un reporte de abuso o descuido infantil. También el tiempo entre el registro de la llamada a la agencia del estado con relación al supuesto maltrato infantil y el contacto cara a cara con la supuesta víctima cuando fuere apropiado (o el contacto con otra persona que pueda proveer información cuando el contacto directo con la supuesta víctima sería inapropiado).

Tiempo de respuesta con relación a la provisión de servicios: El tiempo entre el registro de la llamada a la agencia con relación al supuesto maltrato infantil y la provisión de servicios de postinvestigación, a menudo requiriendo la apertura de un caso para la continuidad de servicios.

Tipo de maltrato: Una forma particular de maltrato infantil determinado por la investigación a ser sostenido o indicado bajo las leyes estatales. Los tipos incluyen abuso físico, abandono o privación de necesidades, negligencia médica, abuso sexual, maltrato psicológico o emocional, y otras formas incluidas en la ley del estado.

Tipos de servicios de salud mental: Se refiere a los siguientes tipos de servicios de salud mental:

- *Cuidado de pacientes internos:* Es la provisión de cuidado de salud mental las veinticuatro horas en un ambiente de hospital de salud mental.

- *Cuidado de pacientes externos:* Es la provisión de servicios de salud mental ambulatorios por menos de tres horas durante una única visita de un individuo, grupo o familia, usualmente en una clínica u organización similar. El cuidado de emergencia provisto en un régimen de acceso directo, así como el cuidado provisto por equipos móviles que visitan pacientes fuera de estas organizaciones son incluidos.

- *Tratamiento de cuidado parcial:* Es un programa planificado de tratamiento de servicios de salud mental generalmente provisto en visitas de tres o más horas a grupos de pacientes. Están incluidos los programas de tratamiento que hacen énfasis en las terapias intensivas y la rehabilitación a corto plazo; los programas que se enfocan en la recreación o actividades de programas ocupacionales, incluyendo talleres protegidos; y los programas de educación y entrenamiento, incluyendo clases de educación especial, escuelas de enfermería terapéutica y entrenamiento vocacional.

- *Tratamiento de cuidado residencial:* Es la provisión de cuidado de salud mental por la noche en conjunción con un programa de tratamiento intensivo en un ambiente distinto a un hospital. Las instalaciones pueden ofrecer cuidado a menores emocionalmente perturbados o a adultos mentalmente enfermos.

Tolerancia: La condición en la que dosis más altas de una droga son requeridas para producir el mismo efecto que durante el uso inicial; a menudo lleva a la dependencia física.

Tóxico: Efectos temporales o permanentes que son perjudiciales para el funcionamiento de un órgano o grupo de órganos.

Trabajador del caso: Alguien del personal asignado a un reporte de maltrato infantil al momento de la disposición del reporte.

Trabajador de servicios de protección de menores: La persona asignada a un reporte de maltrato infantil al momento de la disposición del reporte.

Tranquilizantes: Drogas prescritas para promover el sueño o reducir la ansiedad; esta clasificación de la Encuesta Casera Nacional de Abuso de Drogas incluye benzodiacepinas, barbitúricos y otros tipos de depresivos del sistema nervioso central.

Tratamiento: El estado del proceso del caso de protección infantil cuando los servicios específicos son provistos por los Servicios de Protección de Menores y otros proveedores a fin de reducir el riesgo de maltrato, apoyar a las familias a alcanzar las metas del caso, y abordar los efectos del maltrato.

Usuario multidrogas: Un individuo que usa más de una droga.

Vecino: Una persona que vive cerca desde el punto de vista geográfico al menor o la familia.

Víctima: Un menor que ha tenido una disposición de maltrato con respuesta *sostenida*, *indicada* o *víctima de respuesta alternativa*.

Víctima infantil: Un menor con respecto al cual un incidente de abuso o descuido ha sido sostenido o indicado por una investigación o una evaluación. El estado puede incluir a algunos menores con disposiciones alternativas como víctimas.

Está información fue compilada de las siguientes fuentes:

- Administration for Children and Families, U.S. Department of Health & Human Services [Administración de Niños y Familias, Departamento de Salud y Servicios Humanos de los Estados Unidos], «Appendix B: Glossary-Child Maltreatment 2002», Children's Bureau.

- Center for Disease Control and Prevention, National Center for Health Statistics, Health United States [Centro para el Control y la Prevención de Enfermedades, Centro Nacional de Estadísticas de la Salud, Salud de los Estados Unidos], 2004, «NCHS Definitions».

- National Institute on Drug Abuse [Instituto Nacional sobre el Abuso de Drogas], http://www.drugabuse.gov/NIDAHome.html

- U.S. Department of Health & Human Services, Administration for Children & Families, [Departamento de Salud y Servicios Humanos de los Estados Unidos, Administración de Niños y Familias], *Child Welfare Information Gateway* (anteriormente National Clearinghouse on Child Abuse and Neglect Information y National Adoption Information Clearinghouse). Disponible en línea en http://www.childwelfare.gov/

7.0

NOTAS

1.1 ¿ES ESTA UNA CRISIS O NO?

1. Gary Collins, *How to Be a People Helper*, Vision House, Santa Ana, California, 1976, p. 71.
2. Lucas 13:4.
3. Mateo 5:45.

1.2 UNA OPORTUNIDAD PELIGROSA

1. Madeleine L'Engle, citada en *Glimpses of Grace: Daily Thoughts and Reflections*, HarperSanFancisco, 1998, p. 292.
2. 2 Corintios 1:3-4.

2.1 TRIAGE

1. Henri Nouwen, *Reaching Out*, Doubleday, New York, 1975, p. 94.
2. Lucas 6:36.
3. Salmos 34:18.
4. Jim Hancock, *Raising Adults*, Jim Hancock, Leucadia, California, 2007, pp. 142-143.

2.3 CONÉCTATE

1. Robert Veninga, *A Gift of Hope, How We Survive Our Tragedies*, Ballantine Books, New York, 1996, p. 60.
2. Michael Craig Milles, «How Important Is The Therapeutic Alliance?», *Questions & Answers*, Harvard Mental Health Letter, septiembre 2004.
3. Vale la pena observar que el énfasis de Miller aquí subsiste en tensión con el punto de vista de Karl Menninger de que el diagnóstico es el factor más importante en el tratamiento exitoso. Nuestra sospecha es que ambos trabajan en paralelo: Es muy difícil obtener un buen diagnóstico sin el comienzo de una fuerte alianza de trabajo; el diagnóstico correcto incrementa la fortaleza de la alianza de trabajo.
4. Proverbios 17:22.
5. Ann Kaiser Stearns, *Living Through Personal Crisis*, Thomas More Press, Chicago, 1983, p. 93.

6. Jim Hancock, *Raising Adults*, Jim Hancock, Leucadia, California, 2007.
7. Veninga, p. 60.

2.4 ESCUCHA PROFUNDAMENTE

1. M. Scott Peck, M.D., *The Road Less Traveled*, Simon and Schuster, New York, 1978, p. 121.
2. Proverbios 20:5.
3. Peck, *The Road Less Traveled*, p. 121.
4. Barbara Varenhorst, *Real Friends: Becoming the Friend You'd Like to Have*, Harper and Row, San Francisco, 1983, p. 107.
5. Paul W. Swets, *The Art of Talking with Your Teenager*, Adams Media Corporation, Holbrook, Massachusetts, 1995, p. 86.

3.2 DESARROLLA UN PLAN DE ACCIÓN

1. Lee Ann Hoff, *People in Crisis: Understanding and Helping*, Addison-Wesley, Menlo Park, California, 1978, pp. 56-60.
2. Ann Landers, *The Denver Post*, 8 de abril de 1985.
3. Juan 5:6.

3.3 INTERVENCIONES

1. Alan I. Leshner, Instituto National sobre el Abuso de Drogas, *The Science of Drug Abuse and Addiction*, «The Essence of Drug Addiction», www.drugabuse.gov/Published_Articles/Essence.html (página web actualizada el 14 de junio del 2005; visitada por última vez el 3 de junio del 2007).
2. De una conversación con Jim Hancock.

4.3 INTIMIDACIÓN

1. *Bullying Among Young Adolescents: The Strong, the Weak, and the Troubled*, DOI: 10.1542/peds. 112.6.1231; Pediatrics 2003:112; 1231-1237, Jaana Juvonen, Sandra Graham y Mark A. Schuster, http://pediatrics.aappublications.org/cgi/content/full/112/6/1231 (visitado el 3 de junio de 2007).

4.6 MUERTE

1. Elisabeth Kübles-Ross, *On Death and Dying*, Touchstone, New York, 1969.

4.7 DIVORCIO

1. Mary Elizabeth Giffin, M.D. y Carol Felsenthal, *A Cry for Help*, Doubleday, Garden City, Nueva York., 1983, p. 153.
2. David Elkind, *All Grown Up and No Place to Go: Teenagers in Crisis*, Perseus Books Group Nueva York; ed. rev., 1997, p. 130.
3. Warner Troyer, *Divorced Kids*, Hartcourt, Brace, Jovanovich, Nueva York, 1979, p. 166.

4.8 ABANDONO DE LOS ESTUDIOS

1. Departamento de Educación de los Estados Unidos, «Departments of Justice and Education Host National Truancy Prevention Conference», comunicado de prensa, 6 de diciembre de 2004, www.ed.gov/news/pressreleases/2004/12/12062004.html (visitado el 3 de junio del 2007).
2. Bob Herbert, Education, Education, Education, *New York Times*, 5 de marzo del 2007, Op Ed.

4.9 DESÓRDENES ALIMENTICIOS

1. Forum sobre estadísticas de niños y familias, «America's Children in Brief: Key National Indicators of Well-Being, 2006», http://www.childstats.gov/americaschildren/hea.asp#overweight (visitado el 3 de junio del 2007).
2. Pan W. Vredevelt y Joyce R. Whitman, *Walking a Thin Line: Anorexia and Bulimia, The Battle Can Be Won*, Multnomah, Portland, Oregon, 1985, pp. 29-31.

4.10 INICIACIÓN DE NOVATOS

1. Nadine C. Hoover y Norman J. Pollard, *Initiation Rites in American High Schools: A National Survey*, Alfred University, Alfred,

N.Y., agosto de 2000). También disponible en línea en http://www.alfred.edu/hs_hazing/ (visitado el 3 de junio del 2007).

4.11 INCESTO

1. Diana E. H. Russell, *Introduction to The Secret Trauma: Incest in the Lives of Girls and Women*, BasicBooks/Perseus Press, Nueva York, 1999, p. xvii.
2. M. Glasser, I. Kolvin, D. Campbell, A. Glasser, I. Leitch y S. Farrelly, «Cycle of Child Sexual Abuse: Links between Being a Victim and Becoming a Perpetrator», *The British Journal of Psychiatry* 179, 2001, pp. 482-494.
3. Alianza de la ciudad de Nueva York contra el asalto sexual, Alliance: Factsheets: Incest. Derechos reservados 1997. Disponible en línea en www.nycagainstrape.org/printable/printable_survivors_factsheet_37.html (visitado el 3 de junio del 2007).
4. Ruth S. Kempe y C. Henry Kempe, *The Common Secret*, W.H. Freeman, Nueva York, 1984, p. 86.
5. Donna Pence y Charles Wilson, *The Role of Law Enforcement in the Response to Child Abuse and Neglect*, Departamento de Salud y Servicios Humanos de los Estados Unidos, Centro Nacional sobre el Abuso y la Negligencia Infantil, 1992, p. 18.

4.12 TRASTORNO POR ESTRÉS POSTRAUMÁTICO

1. Instituto Nacional de Salud Mental, volante informativo, publicación No. OM-99 4157 (revisión 2002) y Disaster Mental Health Response Handbook, State Health Publication No: (CHM) 00145, Centre for Mental Health and the New South Wales Institute of Psychiatry, North Sydney, NSW, Australia, 2000.
2. Instituto Nacional de Salud Mental, «Facts About Post-Traumatic Stress Disorder», publicación No. OM-99 4157 (revisada) 2002, p. 2.

4.15 ABUSO SEXUAL

1. Administración para Niños y Familias, Departamento de Salud y Servicios Humanos de los Estados Unidos, «Appendix B: Glossary—Child Maltreatment 2002», *Children's Bureau*. Actualizado el 12 de marzo del 2004. http://www.acf.hhsgov/programs/cb/

publications/cm02/appendb.htm (página web actualizada el 11 de mayo del 2006 y visitada el 4 de junio del 2007).

2. Departamento de Salud y Servicios Humanos de los Estados Unidos, Child Welfare Information Gateway (anteriormente National Clearinghouse on Child Abuse and Neglect Information), Glossary—S. http://www.childwelfare.gov/pubs/usermanuals/domesticviolence/domesticviolenceh.cfm#s (página web actualizada el 26 de marzo del 2007 y visitada el 3 de junio del 2007).

3. Ibid.

4. Instituto de Información Legal, «§ 2256 Definitions for Chapter», *U.S. Code Collection.* Fecha de publicación: 6 de agosto del 2004. http://assembler.law.cornell.edu/uscode/html/uscode18/usc_sec_18_00002256—000-.html (visitado el 3 de junio del 2007).

5. W. Predergast en *The Merry-Go-Round of Sexual Abuse: Identifying and Treating Survivors*, Haworth Press, Nueva York, 1993, citado por M. Glasser, et. al., en «Cycle of Child Sexual Abuse», *The British Journal of Psychiatry* 179, 2001, p. 491.

6. Howard N. Snyder, Ph. D., «Sexual Assault of Young Children as Reported to Law Enforcement: Victim, Incident, and Offender Characteristics», *Bureaus of Justice Statistics*, Departamento de Justicia y Oficina de Programas de Justicia de los Estados Unidos, NCJ 182990, julio del 2000, p. 4. También disponible en línea en: http://www.ojp.usdoj.gov/bjs/pub/pdf/saycrle.pdf (visitado el 3 de junio del 2007).

7. Ibid.

8. Departamento de Justicia de los Estados Unidos, Buró de Estadísticas Judiciales, «Summary Findings», *Crime Characteristics.* Disponible en línea en: www.ojp.usdoj.gov/bjs/cvict_c.htm#relate (página web actualizada el 18 de abril del 2007, y visitada el 3 de junio del 2007).

4.16 CONFUSIÓN DE LA IDENTIDAD SEXUAL

1. Barbara L. Frankowski, M.D., M.P.H. y el Comité sobre Adolescencia de la Academia Estadounidense de Pediatras, «Sexual Orientation and Adolescents», *Pediatrics* 113, No. 6, junio del 2004, pp. 1827-1832. Versión en línea en www.pediatrics.org/cgi/content/full/113/6/1827 (visitado el 3 de junio del 2007).

4.17 ENFERMEDADES DE TRANSMISIÓN SEXUAL

1. Instituto Alan Guttmacher, *Facts in Brief*, «Teen Sex and Pregnancy», revisión de septiembre de 1999.

4.18 ABUSO DE SUSTANCIAS Y ADICCIONES

1. Centros para el Control y Prevención de Desastres, Surveillance Summaries, 9 de junio del 2006 / Vol. 55 / No. SS-5. Cada dos años la encuesta es conducida durante el semestre de la primavera en una muestra representativa de alumnos de las escuelas públicas y privadas entre noveno y doceavo grado. Los reportes más actuales están disponibles en www.cdc.gov/PDF/SS/SS5505.pdf (visitado el 5 de julio de 2007).

2. T. Santibanez, L. Barker, J. Santoli, C. Bridges, G. Euler y M. McCauley, «Alcohol-Attributable Deaths and Years of Potential Lide Lost—United States, 2001», *Morbidity and Mortality Weekly Report* 53, no. 37, 24 de septiembre del 2004, p. 866. Disponible en línea en http://www.findarticles.com/p/articles/mi_m0906/is_37_53/ai_n6256683 (visitado el 3 de junio del 2007).

3. *Tenth Special Report to Congress on Alcohol and Health from the Secretary of Human Services*, junio del 2000, DHHS Publicación No. 00-1583.

4. A. Hyland, C. Vena, J. Bauer, Q. Li, G.A. Giovino, J. Yang, K.M. Cummings, P. Mowery, J. Fellows, T. Pechacek, y L. Pederson, «Cigarrette Smoking-Attributable Morbidity—United States, 2000», *Morbidity and Mortality Weekly Report* 52, no. 35, 5 de septiembre del 2003, p. 842. Disponible en línea en http://www.findarticles.com/p/articles/mi_m0906/is_35_52/ai_109443279 (visitado el 3 de junio del 2007).

5. James Baldwin, *James Baldwin: Collected Essays: Notes of a Native Son / Nobody Knows My Name / The Fire Next Time / No Name in the Street / The Devil Finds Work / Other Essays*, Biblioteca de los Estados Unidos, 1998, p. 173.

6. David Elkind, *All Grown Up and No Place to Go: Teenagers in Crisis*, Perseus Books Group, Nueva York, ed. rev., 1997, p. 21.

7. Dr. Gary G. Forrest, *How to Cope with a Teenage Drinker*, Scribner, Nueva York, 1983, p. 1.

8. Ver Mary E. Larimer y Jessica M. Cronce, *Journal of Studies on Alcohol,* suplemento no. 14, 2002, p. 152.
9. Alan I. Leshner, Ph. DT., Instituto Nacional sobre el Abuso de Drogas, *The Science of Drug Abuse and Addiction,* «The Essence of Drug Addiction», www.drugabuse.gov/Published_Articles/Essence.html (página web actualizada el 14 de junio del 2005; visitada el 3 de junio del 2007).

4.19 SUICIDIO

1. Salman Rushdie, *The Ground Beneath Her Feet,* Picador, Nueva York, 2000, p. 206.
2. Instituto Nacional de Salud Mental, «In Harm's Way: Suicide in America», NIH Publicación No. 03-4594, impreso en enero del 2001; revisado en abril del 2003. También, Asociación Estadounidense de Suicidología, «United States Suicide Statistics», resumido y preparado por el Dr. John L. McIntosh. Disponible en línea en www.suicidology.org/displaycommon.cfm?an=1&subarticlenbr=21 (visitado el 3 de junio del 2007).
3. 2 Timoteo 2:13.

4.20 TERROR

1. Job 5:7.
2. Ernest Hemingway, *A Farewell to Arms,* Scribner's and Sons, Nueva York, 1957, p. 249.

4.21 PROBLEMAS CON LA LEY

1. Dr. Scott Larson, *At Risk: Bringing Hope to hurting Teenagers,* Group, Loveland, Colorado, 1999, p. 49.

4.22 VIOLENCIA

1. Howard N. Snyder y Melissa Sickmund. *Juvenile Offenders and Victims: 2006 National Report,* Washington DC: Departamento de Justicia de los Estados Unidos, Oficina de Programas de Justicia, Oficina de Justicia Juvenil y Prevención de la Delincuencia, http://

ojjdp.ncjrs.org/ajstatbb/nr2006/index.html (visitado el 4 de junio del 2007).

2. B. Vossekuil, R. Fein, M. Reddy, R. Borum y W. Modzeleski, *The Final Report and Findings of the Safe School Initiative: Implications for the Prevention of Schools Attacks in the United States.* Departamento de Educación de los Estados Unidos, Oficina de Educación Primaria y Secundaria, Programa para Escuelas Seguras y Libres de Drogas y Servicio Secreto de los Estados Unidos, National Threat Assessment Center, Washington DC, 2002, http://www.secretservice.gov/ntac/ssi_final_report.pdf (visitado el 4 de junio del 2007).

3. Donna L. Hoyert, Molonie P. Heron, Sherry L. Murphy y Hsiang-Ching Kung, «Deaths: Final Data for 2003», National Vital Statistics Reports 54, no. 13 (19 de abril de 2006), http://www.cdc.gov/nchs/products/pubs/pubd/hestats/finaldeaths03/finaldeaths03.htm (página web revisada el 11 de enero del 2007, visitada el 4 de junio del 2007).

4. J. Doan, S. Roggenbaum y K. Lazear. (2003). *Youth suicide prevention school-based guide (c/p/r/s) — Tue/False 1: Information dissemination in schools—The Facts about Adolescent Suicide.* Tampa, FL: Departamento de Niños y Familias División de Ayuda Estatal y Local, Instituto de Salud Mental de la Florida Louis de la Parte, Universidad del Sur de la Florida. (FMHI Series Publicación #219-1t), http://theguide.fmhi.usf.edu/pdf/True-false.pdf (visitado el 4 de junio del 2007).

5. Departamento de Justicia de los Estados Unidos, Oficina de Programas de Justicia, Buró de Estadísticas Judiciales, *Homicide Trends in the U.S.: Weapons Used,* http://www.ojp.usdoj.gov/bjs/homicide/weapons.htm (página web actualizada el 29 de junio del 2006, visitada el 3 de junio del 2007).

6. C.S. Lewis, *Miracles,* Macmillan, Nueva York, 1947, p. 111.

7. B. Vossekuil, et al., *The Final Report and Findings of the Safe School Initiative,* p. 22.

5.0 PREVENCIÓN POR DENTRO Y POR FUERA

1. The Arthur C. Clarke Foundation en www.clarkefoundation.org/projects (visitada el 3 de junio del 2007).

5.1 PREVENCIÓN INTERNA: DESARROLLO DE LA RESISTENCIA

1. Conjunto de herramientas para la educación de jóvenes por jóvenes (Youth Peer Education Toolkit), *Training of Trainers Manual*, United Nations Population Fund, y Youth Peer Education Network (Y-PEER), 2005, p. 178.

5.2 PREVENCIÓN EXTERNA: ESTABLECIMIENTO DE ALIANZAS PREVENTIVAS

1. Ver, por ejemplo, Centros para el Control y la Prevención de Desastres, «Guidelines for Investigating Clusters of Health Events», recomendaciones y reportes, *Morbidity and Mortality Weekly Report* 39(RR-11), pp. 1-16, 27 de julio de 1990, www.cdc.gov/mmwr/preview/mmwrhtml/00001797.htm (visitado el 3 de junio del 2007).

2. No estamos recomendando esta organización por su teología, pues la última vez que visitamos su sitio web (www.capabilitiesinc.com) no tenían una teología corporativa. Decimos esto porque algunas veces los padres alegan que quieren algo explícitamente *bíblico*, a lo que respondemos que lo hagas tan explícito como desees. Lo que *Developing Capable People* ofrece puede ser adaptado con facilidad a tu teología a menos que pienses que la Biblia te da permiso para tratar a tus hijos como esclavos, en cuyo caso es difícil entender cómo llegaste tan lejos en *este* libro. En serio: No lastimes a tus hijos. Dependiendo del lugar al que vayas, el adiestramiento de los entrenadores de DCP puede ser caro; pero más allá de eso los costos son mínimos y los beneficios máximos.

5.3 UNA PALABRA FINAL

1. Carta de Pablo a los Gálatas (capítulo 2, versos 15-21), si te inclinas a leer la correspondencia de otras personas.

2. C.S. Lewis, *Letters of C.S. Lewis*, Harcourt Brace Javanovich, Nueva York, 1966, p. 285.

3. Ernest Hemingway, *A Farewell to Arms*, Scribner's and Sons, Nueva York., 1957, p. 249.

Si trabajas con jóvenes nuestro deseo es ayudarte.

Especialidades
Juveniles.com

Un montón de recursos para tu ministerio juvenil
info@especialidadesjuveniles.com

Visitanos en:
www.especialidadesjuveniles.com

facebook www.facebook.com/EspecialidadesJuveniles

twitter twitter.com/EJNOTICIAS

You Tube www.youtube.com/user/videosej

Nos agradaría recibir noticias suyas.
Por favor, envíe sus comentarios sobre este libro
a la dirección que aparece a continuación.
Muchas gracias.

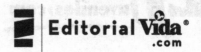

vida@zondervan.com
www.editorialvida.com